AF370451

Agustín Moreto y Cabaña

El desdén con el desdén

Barcelona **2024**
Linkgua-ediciones.com

Créditos

Título original: El desdén con el desdén.

© 2024, Red ediciones S.L.

e-mail: info@linkgua.com

Diseño de cubierta: Michel Mallard.

ISBN tapa dura: 978-84-1126-225-5.
ISBN rústica: 978-84-96428-33-1.
ISBN ebook: 978-84-9897-054-8.

Cualquier forma de reproducción, distribución, comunicación pública o transformación de esta obra solo puede ser realizada con la autorización de sus titulares, salvo excepción prevista por la ley. Diríjase a CEDRO (Centro Español de Derechos Reprográficos, www.cedro.org) si necesita fotocopiar, escanear o hacer copias digitales de algún fragmento de esta obra.

Sumario

Créditos ____ 4

Brevísima presentación _________________________ 7
   La vida ____ 7

Personajes ______________________________________ 8

Jornada primera _________________________________ 9

Jornada segunda ________________________________ 51

Jornada tercera _________________________________ 95

Libros a la carta ________________________________ 135

Brevísima presentación

La vida

Agustín Moreto y Cabaña. (Madrid, 1618-Toledo, 1669). España.
Sus padres eran italianos. Fue capellán del arzobispo de Toledo y tuvo una vida tranquila. Alcanzó una notable popularidad en los siglos XVII y XVIII. Escribió comedias de carácter religioso, tradición histórica y costumbres. La edición completa de sus obras se publicó en tres partes en los años 1654, 1676 y 1681.

Carlos, conde de Urgel, se enamora de Diana, princesa en extremo esquiva, y finge indiferencia para seducirla. Diana, se somete a Carlos y pretende ser su esposa...
La obra es una loa al amor por lo inaccesible en la que el désden parece ser la mejor arma para conquistar a la persona amada.

Personajes

Carlos, conde de Urgel
Cintia, dama
Diana, dama
El conde de Barcelona, padre de Diana
El príncipe de Bearne
Fenisa, dama
Galanes
Gastón, conde de Fox
Laura, criada de Diana
Músicos
Polilla, su criado gracioso

Jornada primera

(Salen Carlos y Polilla.)

Carlos

Yo he de perder el sentido
con tan extraña mujer.

Polilla

Dame tu pena a entender,
señor, por recién venido.
   Cuando te hallo en Barcelona
lleno de aplauso y honor,
donde tu heroico valor
todo su pueblo pregona;
   cuando sobra a tus victorias
ser Carlos, conde de Urgel,
y en el mundo no hay papel
donde se escriban tus glorias,
   ¿qué causa ha podido haber
de que estés tan mal guisado?
Que, por más que la he pensado,
no la puedo comprender.

Carlos

Polilla, mi desazón
tiene más naturaleza.
Este pesar no es tristeza,
sino desesperación.

Polilla

   ¿Desesperación? Señor,
que te enfrenes te aconsejo,
que tiras algo a bermejo.

Carlos

No burles de mi dolor.

Polilla

   ¿Yo burlar? Esto es templarte;

mas tu desesperación,
¿qué tanta es a esta sazón?

Carlos   La mayor.

Polilla   ¿Cosa de ahorcarte?
                        Que si no, poco te ahoga.

Carlos   No te burles, que me enfado.

Polilla   Pues si estás desesperado,
                ¿hago mal en darte soga?

Carlos   Si dejaras tu locura,
                mi mal te comunicara,
                porque la agudeza rara
                de tu ingenio me asegura
                  que algún medio discurriera,
                como otras veces me has dado,
                con que alivie mi cuidado.

Polilla   Pues, señor, polilla fuera.
                  Desemboca tu pasión
                y no tenga tu cuidado,
                teniéndola en el criado,
                polilla en el corazón.

Carlos   Ya sabes que a Barcelona,
                del ocio de mis estados,
                me trajeron los cuidados
                de la fama que pregona
                  de Diana la hermosura,
                de esta corona heredera,
                en quien la dicha que espera

tanto príncipe procura,
   compitiendo en un deseo
gala, brío y discreción.

Polilla   Ya sé que sin pretensión
viniste a este galanteo
   por lucir la bizarría
de tus heroicos blasones,
y que en todas las acciones
siempre te has llevado el día.

Carlos   Pues oye mi sentimiento.

Polilla   Ello, ¿estás enamorado?

Carlos   Sí estoy.

Polilla   Gran susto me has dado.

Carlos   Pues escucha.

Polilla   Va de cuento.

Carlos   Ya sabes como en Urgel
tuve, antes de mi partida,
del amor del de Bearne
y el de Fox larga noticia.
De Diana pretendientes,
dieron con sus bizarrías
voz a la fama, y asombro
a todas estas provincia.
El ver de amor tan rendidos
como la fama publica
dos príncipes tan bizarros,

que aun los alaba la envidia,
me llevó a ver si esto en ellos
era por galantería,
gusto, opinión o violencia
de su hermosura divina.
Entré pues en Barcelona;
víla en su palacio un día
sin susto del corazón
ni admiración de la vistas,
una hermosura modesta,
con muchas señas de tibia,
mas sin defecto común
ni perfección peregrina,
de aquellas en quien el juicio,
cuando las vemos queridas,
por la admiración apela
al no sé qué de la dicha.
La ocasión de verme entre ellos
cuando al valor desafían
en públicas competencias,
con que el favor solicitan,
ya que no pudo a mi amor,
empeñó mi bizarría,
ya en fiestas y ya en torneos
y otras empresas debidas
al culto de una deidad
a cuya soberanía
sin el empeño de amor
la obligación sacrifica.
Tuve en todas tal fortuna
que, dejando deslucidas
sus acciones, salí siempre
coronado con las mías,
y el vulgo, con el suceso,

la corona merecida
con la suerte dio a mi frente
por mérito, siendo dicha,
que cualquiera de los dos
que en ella me competía
la mereció más que yo.
Pero para conseguirla
tuve yo el faltar mi amor
y no tener la codicia
con que ellos la deseaban,
y así por fuera fue mía;
que en los casos de la suerte,
por tema de su malicia,
se van siempre las venturas
a quien no las solicita.
Siendo pues mis alabanzas
de todos tan repetidas,
solo en Diana hallé siempre
una entereza tan hija
de su esquiva condición
que, siendo mis bizarrías
dedicadas a su aplauso,
nunca me dejó noticia,
aya que no de favorable,
siquiera de agradecida.
Y esto con tanta esquivez
que en todos dejó la misma
admiración que en mis ojos;
pues la extraña demasía
de su entereza pasaba
del decoro la medida
y, excediendo de recato,
tocaba ya en grosería;
que a las damas de tal nombre

puso el respeto dos líneas:
una es la desatención,
y otra el favor; mas la avisa
que ponga entre ellas la planta
tan ajustada y medida
que en una ni en otra toque,
porque si de agradecida
adelanta mucho el pie,
la raya del favor pisa,
y es ligereza, y si entera
mucho, y la planta retira
por no tocar el favor,
pisa en la descortesía.
Este error hallé en Diana,
que empeñó mi bizarría
a moverla por lo menos
a atención, si no a caricia;
y este deseo en las fiestas
me obligaba a repetirlas,
a buscar nuevos empeños
al valor y a la osadía;
mas nunca pude sacar
de su condición esquiva
más que más causa a la queja
y más culpa a la malicia.
De esto nación el inquirir
si ella conmigo tenía
alguna aversión o queja
mal fundada o presumida,
y averigüé que Diana
del discurso las primicias,
con las luces de su ingenio
las dio a la filosofía.
De este estudio y la lección

de las fábulas antiguas,
resultó un común desprecio
de los hombres, unas iras
contra el orden natural
del amor con quien fabrica
el mundo a su duración
alcázares en que viva;
tan estable en su opinión,
que da con sentencia fija
el querer bien por pasión
de las mujeres indigna;
tanto, que siendo heredera
de esta corona, y precisa
la obligación de casarse,
la renuncia y desestima
por no ver que haya quien triunfe
de su condición altiva.
A su cuarto hace la selva
de Diana, y son las ninfas
sus damas, y en este estudio
las emplea todo el día.
Solo adornan sus paredes
de las ninfas fugitivas
pinturas que persüaden
al desdén. Allí se mira
a Dafne huyendo de Apolo,
Anajarte convertida
en piedra por no querer,
Aretusa en fuentecilla,
que el tierno llanto de Alfeo
paga en lágrimas esquivas.
Y viendo el conde, su padre,
que en este error se confirma
cada día con más fuerza,

que la razón no la obliga,
que sus ruegos no la ablandan,
y con tal furia se irrita
en hablándola de amor,
que teme que la encamina
a un furor desesperado,
que el medio más blando elija
la aconseja su prudencia,
y a los príncipes convida
para que, haciendo por ella
fiestas y galanterías,
sin la persuasión ni el ruego,
la naturaleza misma
sea quien lidie con ella,
por si, teniendo a la vista
aplausos y rendimientos,
ansias, lisonjas, caricias,
su propio interés la vence
o la obligación la inclina,
que en quien la razón no labra,
endurece la porfía
del persuadir. Y no hay cosa
como dejar a quien lidia
con su misma sinrazón;
pues si ella misma le guía
al error, en dando en él,
es fuerza quedar vencida,
porque no hay con el que a oscuras
por un mal paso camina,
para que vea su engaño,
mejor luz que la caída.
Habiendo ya averiguado
que esto en su opinión esquiva
era desprecio común

y no repugnancia mía,
claro está que yo debiera
sosegarme en mi porfía;
y considerando bien
opinión tan exquisita,
primero que a sentimiento
pudiera moverme a risa.
Pues para que se conozca
la vileza más indigna
de nuestra naturaleza,
aquella hermosura misma
que yo antes libre miraba
con tantas partes de tibia,
cuando la vi desdeñosa,
por lo imposible a la vista,
la que miraba común,
me pareció peregrina.
¡Oh, bajeza del deseo!
Que aunque sea a la codicia
de más precio lo que alcanza
que no lo que se retira,
solo por la privación
de más valor lo imagina,
y da el precio a lo difícil,
que su mismo ser le quita.
Cada vez que la miraba
más vella me parecía,
e iba creciendo en mi pecho
este fuego tan aprisa
a que, absorto de ver la llama,
a ver la causa volvía,
y hallaba que aquella nieve
de su desdén, muda y tibia,
producía en mí este incendio.

¡Qué ejemplo para el que olvida!
Seguro piensa que está
el que en la ceniza fría
tiene ya su amor difunto:
¡qué engañado lo imagina!
Si amor se enciende de nieve,
¿quién se fía en la ceniza?
Corrido yo de mis ansias
preguntaba a mis fatigas:
¡Traidor corazón! ¿Qué es esto?
¿Qué es esto, aleves caricias?
La que neutral no os agrada
¿os parece bien esquiva?
La que vista no os suspende
¿cuando es ingrata os admira?
¿Qué le añade a la hermosura
el rigor que la ilumina?
¿Con el desdén es hermosa
la que sin desdén fue tibia?
El desprecio, ¿no es injuria?
La que desprecia, ¿no irrita?
Pues la que no pudo afable,
¿por qué os arrastra enemiga?
La crueldad a la hermosura,
¿el ser de deidad la quita?
Pues, ¿qué, para mí la ensalza
lo que para sí la humilla?
Lo tirano, ¿se aborrece?
Pues a mí, ¿cómo me obliga?
¿Qué es esto, amor? ¿Es acaso
hermosa la tiranía?
No es posible, no; esto es falso;
no es esto amor, ni hay quien diga
que arrastrar pudo inhumana

la que no movió divina.
Pues, ¿qué es esto? ¿Esto no es fuego?
Sí, que mi ardor lo acredita;
no, que el hielo no lo causa;
sí, que el pecho lo publica.
No puede ser, no es posible,
no, que a la razón implica.
Pues, ¿qué será? Esto es deseo.
¿De qué? De mi muerte misma.
Yo mi mal querer no puedo;
pues, ¿qué será? ¿Una codicia
de aquello que se me aparte?
No, porque no la querría
el corazón. ¿Esto es tema?
No. Pues, alma, ¿qué imaginas?
Bajeza es del pensamiento;
no es sino soberanía
de nuestra naturaleza
cuya condición altiva
todo lo quiere rendir,
como superior se mira.
Y habiendo visto que hay pecho
que a su halago no se rinda,
el dolor de este desdén
le abrasa y le martiriza,
y produce un sentimiento,
con que a desear le obliga
vencer aquel imposible.
Y ardiendo en esta fatiga,
como hay parte de deseo,
y este deseo lastima,
parece efecto de amor
porque apetece y aspira,
y no es sino sentimiento

equivocado en caricia.
Esto la razón discurre;
mas la voluntad, indigna,
toda la razón me arrastras
y todo el valor me quita.
Sea amor o sentimiento,
nieve, ardor, llama o ceniza,
yo me abraso, yo me rindo
a esta furia vengativa
de amor, contra la quietud
de mi libertad tranquila;
y sin esperanza alguna
de sosiego en mis fatigas,
yo padezco en mi silencio,
yo mismo soy de las iras
de mi dolor alimento;
mi pena se hace a sí misma,
porque, más que mi deseo,
es rayo que me fulmina,
aunque es tan digna la causa,
el ser la razón indigna;
pues mi ciega voluntad
se lleva y se precipita
del rigor, de la crueldad,
del desdén, la tiranía,
y muero, más que de amor,
de ver que a tanta desdicha
quien no pudo como hermosa,
me arrastrase como esquiva.

Polilla   Atento, señor, he estado,
y el suceso no me admira,
porque esto, señor, es cosa
que sucede cada día.

Mira. Siendo yo muchacho,
había en mi casa vendimia,
y por el suelo las uvas
nunca me daban codicia.
Pasó este tiempo y después
colgaron en la cocina
las uvas para el invierno;
y yo, viéndolas arriba,
rabiaba por comer de ellas
tanto, que trepando un día
por alcanzarlas, caí
y me quebré las costillas.
Éste es el caso, él por él.

Carlos   No el ser natural me alivia
                si es injusto el natural.

Polilla   Di, señor, ¿ella mira
                con más cariño a otro?

Carlos   No.

Polilla   Y ellos, ¿no la solicitan?

Carlos   Todos vencerla pretenden.

Polilla   Pues que cae más aprisa
                apostaré.

Carlos   ¿Por qué causa?

Polilla   Solo porque es tan esquiva.

Carlos   ¿Cómo ha de ser?

Polilla   Verbigracia.
¿Viste una breva en la cima
de una higuera, y los muchachos
que en alcanzarla porfían
piedras la tiran a pares;
y aunque a algunas se resista,
al cabo, de aporreada
con las piedras que la tiran,
viene a caer más madura?
Pues lo mismo aquí imagina.
Ella está tiesa y muy alta;
tú tus pedradas la tiras;
los otros tiran las suyas;
luego, por más que resista,
ha de venir a caer,
de una y otra a la porfía,
más madura que una breva.
Mas cuidado a la caída,
que el cogerla es lo que importa;
que ella caerá, como hay viñas.

Carlos   El conde, su padre, viene.

Polilla   Acompañado, se mira,
del de Fox y el de Bearne.

Carlos   Ninguno tiene noticia
del incendio de mi pecho,
porque mi silencio abriga
el áspid de mi dolor.

Polilla   Ésa es mayor valentía.
Callar tu pasión mucho es,

¡vive Dios! ¿Por qué imaginas
que llaman ciego a quien ama?

Carlos   Porque sus yerros no mira.

Polilla   No tal.

Carlos   Pues, ¿por qué esta ciego?

Polilla   Porque el que ama, al ciego imita.

Carlos   ¿En qué?

Polilla   Encantar la pasión
por calles y por esquinas.

(Salen el conde de Barcelona, el príncipe de Bearne, y don Gastón, conde de
Fox.)

Conde   Príncipes, vuestro justo sentimiento,
mirado bien, no es vuestro, sino mío
Ningún remedio intento,
que no le venza el ciego desvarío
de Diana, en quien hallo
cada vez menos medios de enmendallo.
Ni del poder de padre a usar me atrevo,
ni del de la razón, porque se irrita
tanto cuando de amor a hablarla pruebo,
que a más daño el furor la precipita.
Ella, en fin, por no mar ni sujetarse,
quiere morir primero que casarse.

Gastón   Ésa, señor, es opinión aguda
de su discurso, a los estudios dado,

que el tiempo solo o la razón la muda;
y sin razón estás desesperado.

Conde

Conde de Fox, aunque verdad es ésa,
no me atrevo a empeñaros en la empresa
de que asistáis en vano a su hermosura,
faltando en vuestro estado a su asistencia.

Príncipe

Señor, con tu licencia,
el que es capricho injusto, nunca dura;
y aunque el vencerle es dificultoso,
yo estoy perdiendo tiempo más airoso,
ya que a este intento de Bearne vine,
que dejando la empresa mi constancia,
porque es mayor desaire que imagine
nadie que al dejé por inconstancia,
ni ese crédito es de su hermosura,
ni del honesto amor que la procura.

Carlos

El Príncipe, señor, ha respondido
como galán, bizarro y caballero;
que aun en mí, que he venido
sin ese empeño, solo aventurero,
a festejar no haciendo competencia,
dejar de proseguir fuera indecencia.

Conde

Príncipes, lo que siento es empeñaros
en porfiar, cuando halla la porfía
de mayor resistencia indicios claros;
si la gala, el valor, la bizarría,
no la mueve ni inclina, ¿con qué intento
vencer imagináis su entendimiento?

Polilla

Señor, un necio a veces halla un medio

que aprueba la razón. Si dais licencia,
yo me atreveré a daros un remedio
con que, aunque ella aborrezca su presencia,
se le vayan los ojos, hechos fuentes,
tras cualquiera galán de los presentes.

Conde

Pues, ¿qué medio imaginas?

Polilla

                Como mío.
Hacer justas, torneos, a una ingrata,
es poner ollas a quien tiene hastío.
El medio es, que rendirla no dilata,
poner en una torre a la Princesa,
sin comer cuatro días ni ver mesa;
y luego han de pasar estos galanes
delante de ella y convidando a escote,
el uno con seis pollas y dos panes,
el otro con un plato de jigote;
y a mí me lleve el diablo, si los viere,
si tras ellos corriendo no saliere.

Carlos

¡Calla, loco bufón!

Polilla

               ¿Esto es locura?
Ejecútese el medio, y a la prueba.
Sitien luego por hambre su hermosura,
y verán si los ojos no la lleva
quien sacare un vestido de camino,
guarnecido de lonjas de tocino.

Príncipe

Señor, sola una cosa por mí pido,
que don Gastón también ha de querella.
Nunca hablar a Diana hemos podido;
danos licencia tú de hablar con ella,

que el trato y la razón puede mudarla.

Conde

Aunque la ha de negar, he de intentarla.
Pensad vosotros medios y ocasiones
de mover su entereza, que a escucharos
yo la sabré obligar con mis razones,
que es cuanto puedo hacer para ayudaros
a la empresa tan justa y deseada
de ver mi sucesión asegurada.

(Vase [el conde].)

Príncipe

Conde, crédito es de la nobleza
de nuestra heroica sangre la porfía
de rendir el desdén de su belleza;
juntos la hemos de hablar.

Carlos

                Yo compañía
al empeño os haré, mas no al deseo,
porque yo sin amor sigo este empleo.

Gastón

Pues ya que vos no estáis enamorado,
¿qué medios seguiremos de obligalla?
Que esto lo ve mejor el descuidado.

Carlos

Yo un medio sé que mi silencio calla,
porque otro empeño es, que al proponerle
cualquiera de los dos ha de quererle.

Príncipe

Decís bien.

Gastón

            Pues, Bearne, vamos luego
a imaginar festejos y finezas.

Príncipe   A introducir en su desdén el fuego.

Gastón   Ríndanse a nuestro incendio sus tibiezas.

Carlos   Yo a eso asistiré.

Príncipe   Pues a esta gloria.

(Vanse el príncipe y don Gastón.)

Carlos   Y que del más feliz sea la victoria.

Polilla   Pues, ¿qué es esto, señor? ¿Por qué has negado
                  tu amor?

Carlos   He de seguir otro camino
                  de vencer un desdén tan desusado.
                  Ven, y yo te diré lo que imagino,
                  que tú me has de ayudar.

Polilla   Eso no hay duda.

Carlos   Allá has de entrar.

Polilla   Seré Simón y ayuda.

Carlos   ¿Sabráste introducir?

Polilla   Y hacer pesquisas.
                  ¿Yo Polilla no soy? ¿Eso previenes?
                  Me sabré introducir en sus camisas.

Carlos   Pues ya a mi amor le doy los parabienes.

Polilla   Vamos, que si eso importa a las marañas,
                yo sabré apolillarle las entrañas.

(Vanse. Salen Diana, Cintia, Laura, damas, y músicos.)

Música   «Huyendo la hermosa Dafne,
                burla de Apolo la fe,
                sin duda la sigue un rayo,
                pues la defiende un laurel.»

Diana   ¡Qué bien que suena en mi oído
                aquel honesto desdén!
                ¡Que hay mujer que quiera bien!
                ¡Que haya pecho agradecido!

Cintia (Aparte.)   (¡Que por error su agudeza
                quiera el amor condenar;
                y si lo es, quiera enmendar
                lo que error naturaleza!)

Diana   Este romance cantad;
                proseguid, que el que le hizo,
                bien conoció el falso hechizo
                de esa tirana deidad.

Músicos   «Poca o ninguna distancia
                hay de amar a agradecer,
                no agradezca la que quiere
                la victoria del desdén.»

Diana   ¡Qué bien dice! Amor es niño,
                y no hay agradecimiento,
                que al primer paso, aunque lento,
                no tropiece en su cariño.

Agradecer es pagar
con un decente favor;
luego quien paga el amor
ya estima el verse adorar.
    Pues si estima, agradecida,
ser amada una mujer,
¿que falta para querer
a quien quiere ser querida?

Cintia   El agradecer, Diana,
es deuda noble y cortés;
la que agradecida es
no se infiere que es liviana.
    Que agradece la razón
siempre en nosotras se infiere;
la voluntad es quien quiere;
distintas la causas son;
    luego si hay diversidad
en la causa y el intento,
bien puede el entendimiento
obrar sin la voluntad.

Diana   Que haber puede estimación
sin amor es la verdad,
porque amar es voluntad
y agradecer es razón.
    No digo que ha de querer
por fuerza la que agradece;
pero, Cintia, me parece
que está cerca de caer;
    y quien de esto se asegura,
no teme o no ve el engaño,
porque no recela el daño
quien al riesgo se aventura.

Cintia   El ser desagradecida
              es delito descortés.

Diana   Pero el agradecer es
              peligro de la caída.

Cintia   Yo el delito no permito.

Diana   Ni yo un riesgo tan extraño.

Cintia   Pues por excusar un daño,
              ¿es bien hacer un delito?

Diana   Sí, siendo tan contingente
              el riesgo.

Cintia   Pues, ¿no es menor,
              si es contingente, este error
              que esta delito presente?

Diana   No, que es más culpa el amar,
              que falta el no agradecer.

Cintia   ¿No es mejor, si puede ser,
              el no querer y estimar?

Diana   No, porque a querer se ha de ir.

Cintia   Pues, ¿no puede allí parar?

Diana   Quien no resiste a empezar,
              no resiste a proseguir.

Cintia   Pues el ser agradecida,
                ¿no es mejor, si esto es ganancia,
                y gastar esa constancia
                en resistir la caída?

Diana   No, que eso es introducirle
                al amor, y al desecharle,
                no basta para arrojarle
                lo que puede resistirle.

Cintia   Pues cuando eso haya de ser,
                más que a la atención faltar,
                me quiero yo aventurar
                al peligro de querer.

Diana   ¿Qué es querer? Tú hablas así,
                o atrevida o sin cuidado;
                sin duda te has olvidado
                que estás delante de mí.
                    ¡Querer! ¿Se ha de imaginar
                en mi presencia querer?
                ¡Mas eso no puede ser!
                Laura, volved a cantar.

Músicos   «No se fíe en las caricias
                de Amor quien niño le ve;
                que, con presencia de niño,
                tiene decretos de rey.»

(Sale Polilla, de médico ridículo.)

Polilla (Aparte.)   (¡Plegue al cielo que dé fuego
                mi entrada!

Diana

¿Quién entra aquí?

Polilla

«Ego.»

Diana

¿Quién?

Polilla

«Mihi, vel mí;
[e]scholasticus sum ego,
pauper et enamoratus.»

Diana

¿Vos enamorado estáis?
Pues, ¿cómo aquí entrar osáis?

Polilla

No, señora; «escarmentatus».

Diana

¿Qué os escarmentó?

Polilla

Amor ruin;
y escarmentado en su error,
me he hecho médico de amor,
por ir de ruin a rocín.

Diana

¡De dónde sois?

Polilla

De un lugar.

Diana

Fuerza es.

Polilla

No he dicho poco;
que en latín lugar es «loco».

Diana

Ya os entiendo.

Polilla

Pues andar.

Diana

¿Y a qué entráis?

Polilla

La fama oí
de vos, con admiración
de tan rara condición.

Diana

¿Dónde supisteis de mí?

Polilla

En Acapulco.

Diana

¿Dónde es?

Polilla

Media leguas de Tortosa;
y mi codicia, ambiciosa,
de saber curar después
    del mal de Amor, sarna insana,
me trajo a veros, por Dios,
por solo aprender de vos.
Partíme luego a La Habana,
    por venir a Barcelona,
y tomé postas allí.

Diana

¿Postas en La Habana?

Polilla

Sí.
Y me apeé en Tarragona,
    de donde vengo hasta aquí,
como hace fuerte el verano,
a pie a pediros la mano.

Diana

¿Y qué os parece de mí?

Polilla

Eso es fuerza que me aturda;

no tiene Amor mejor flecha
que vuestra mano derecha,
si no es sacáis la zurda.

Diana   ¡Buen humor tenéis!

Polilla   Así,
¿gusta mi conversación?

Diana   Sí.

Polilla   Pues con una ración
os podéis hartar de mí.

Diana   Yo os la doy.

Polilla   Beso... ¡Qué error!
¿Beso dije? Ya no beso.

Diana   Pues, ¿por qué?

Polilla   El beso es el queso
de los ratones de Amor.

Diana   Yo os admito.

Polilla   Dios delante;
mas sea con plaza de honor.

Diana   ¿No sois médico?

Polilla   Hablador,
y así seré platicante.

Diana
Y del mal de Amor, que mata,
¿cómo curáis?

Polilla
Al que es franco
curo con ungüento blanco.

Diana
¿Y sana?

Polilla
Sí, porque es plata.

Diana
¿Estáis mal con él?

Polilla
Su nombre
me mata. Llamó al Amor
Averroes hernia, un humor
que hila las tripas a un hombre.
Amor, señora, es congoja,
traición, tiranía villana,
y solo el tiempo le sana,
suplicaciones y aloja.
Amor es quita-razón,
quita-sueño, quita-bien,
quita-pelillos también,
que hará calvo a un motilón.
Y las que él obliga a amar,
todas acaban en quita,
Francisquita, Mariquita,
por ser todas al quitar.

Diana
Lo que había menester
para mi divertimiento
tengo en vos.

Polilla
Con ese intento

vino yo desde Añover.

Diana   ¿Añover?

Polilla   El me crió;
que en este lugar extraño
se ven melones cada año,
y así Año-ver se llamó.

Diana   ¿Cómo os llamáis?

Polilla   Caniquí.

Diana   Caniquí, a vuestra venida
estoy muy agradecida.

Polilla   Para las dueñas nací.

(Aparte.)   (Ya yo tengo introducción.
Así en el mundo sucede:
lo que un príncipe no puede,
yo he logrado por bufón.
    Si ahora no llega a rendilla
Carlos, sin maña se viene,
pues ya introducida tiene
en su pecho la polilla.)

Laura   Con los príncipes tu padre
viene, señora, acá dentro.

Diana   ¿Con los príncipes? ¿Que dices?
¿Qué intenta mi padre? ¡Cielos!
Si es repetir la porfía
de que me case, primero

rendiré el cuello a un cuchillo.

[Cintia habla aparte con Laura.]

Cintia   ¿Hay tal aborrecimiento
de los hombres? ¿Es posible,
Laura, que el brío, el aliento
del de Urgel no la arrebate?

Laura   Que es hermafrodita pienso.

Cintia   A mí me lleva los ojos.

Laura   Y a mí el Caniquí, en secreto,
me ha llevado las narices;
que me agrada para lienzo.

(Salen el conde, el príncipe, don Gastón, y Carlos.)

Conde   Príncipes, entrad conmigo.

Carlos (Aparte.)   (Sin alma a sus ojos vengo;
no sé si tendré valor
para fingir lo que intento.
Siempre la hallo más hermosa.)

Diana (Aparte.)   (¡Cielos! ¿Qué puede ser esto?)

Conde   ¿Hija? ¿Diana?

Diana   ¿Señor?

Conde   Yo, que a tu decoro atiendo,
y a la deuda en que me ponen

los condes con sus festejos,
habiendo de ellos sabido
que del retiro que has hecho
de su vista, están quejosos...

Diana

Señor, que me des, te ruego,
licencia, antes que prosigas,
ni tu palabra haga empeño
de cosa que te esté mal,
de prevenirte mi intento.
Lo primero es, que contigo
mi voluntad tener puedo,
ni la tengo, porque solo
mi albedrío es tu precepto.
Lo segundo es, que el casarme,
señor, ha de ser lo mesmo
que dar la garganta a un lazo
y el corazón a un veneno.
Casarme y morir es uno,
mas tu obediencia es primero
que mi vida. Esto asentado,
venga ahora tu decreto.

Conde

Hija, mal has presumido,
que yo casarte no intento,
sino dar satisfacción
a los príncipes, que han hecho
tantos festejos por ti.
Y el mayor de todos ellos
es pedirte por esposa,
siendo tan digno su aliento,
ya que no de tus favores,
de mis agradecimientos.
Y no habiendo de otorgarlo,

debe atender mi respeto
a que ninguno se vaya,
sospechando que es desprecio,
sino aversión que tu gusto
tiene con el casamiento.
Y también, que esto no es
resistencia a mi precepto,
cuando yo no te lo mando,
porque el amor que te tengo
mi obliga a seguir tu gusto.
Y, pues tú en seguir tu intento
ni a mí me desobedeces
ni los desprecias a ellos,
dales la razón que tiene
para esta opinión tu pecho,
que esto importa a tu decoro
y acredita mi respeto.

(Vase [el conde].)

Diana   Si eso pretendéis no más,
       oíd, que dárosla quiero.

Gastón   Solo a ese intento venimos.

Príncipe   Y no extrañéis el deseo,
       que más extraña es en vos
       la aversión al casamiento.

Carlos   Yo, aunque a saberlo he venido,
       solo ha sido con pretexto,
       sin extrañar la opinión
       de saber el fundamento.

Diana   Pues oíd, que ya le digo.

Polilla (Aparte.)   (¡Vive Dios, que es raro empeño!
                         ¿Si hallará razón bastante?
                         Porque será bravo cuento
                         dar razón para ser loca.)

Diana   Desde aquel albor primero
                         con que amaneció al discurso
                         la luz de mi entendimiento
                         y el día de la razón,
                         fue de mi vida el empleo
                         el estudio y la lección
                         de la historia, en quien da el tiempo
                         escarmiento a los futuros
                         con los pasados ejemplos.
                         Cuantas ruinas y destrozos,
                         tragedias y desconciertos
                         han sucedido en el mundo
                         entre ilustres y plebeyos,
                         todas nacieron de amor.
                         Cuanto los sabios supieron,
                         cuando a la filosofía
                         moral liquidó el ingenio,
                         gastaron en prevenir
                         a los siglos venideros
                           el ciego error, la violencia,
                         el loco, el tirano imperio
                         de esa mentida deidad
                         que se introduce en los pechos
                         con dulce voz de cariño,
                         siendo un volcán allá dentro.
                         ¿Qué amante jamás al mundo
                         dio a entender de sus efectos

sino lástimas, desdichas,
lágrimas, ansias, lamentos,
suspiros, quejas, sollozos,
sonando con triste estruendo
para lastimar las quejas,
para escarmentar los ecos?
Si alguno correspondido
se vio, paró en un despeño,
que al que no su tiranía
se opuso el poder del cielo.
Pues si quien se casa va
a amar por deuda y empeño,
¿cómo se puede casar
quien sabe de amor el riesgo?
Pues casarse sin amor
es dar causa sin efecto.
¿Cómo puede ser esclavo
quien no se ha rendido al dueño?
¿Puede hallar un corazón
más indigno cautiverio
que rendirle su albedrío
quien no manda su deseo?
El obedecerle es deuda;
pues, ¿cómo vivirá un pecho
con una obediencia fuera
y una resistencia dentro?
Con amor o sin amor,
yo, en fin, casarme no puedo;
con amor, porque es peligro;
sin amor, porque no quiero.

Príncipe   Dándome los dos licencia,
responderé a lo propuesto.

Gastón		Por mi parte, yo os la doy.

Carlos		Yo, que responder no tengo,
		pues la opinión que yo sigo
		favorece aquel intento.

Príncipe		La mayor guerra, señora,
		que hace el engaño al ingenio,
		es estar siempre vestido
		de aparente argumentos.
		Dejando la consecuencias
		que tiene amor contra ellos,
		que en un discurso engañado
		suelen ser de menos precio,
		la experiencia es la razón
		mayor que hay para venceros,
		porque ella sola concluye
		con la prueba del efecto.
		Si vos os negáis al trato,
		siempre estaréis en el yerro,
		porque no cabe experiencia
		donde se excusa el empeño.
		Vos vais contra la razón
		natural, y el propio fuero
		de nuestra naturaleza
		pervertís con el ingenio.
		No neguéis vos el oído
		a las verdades del ruego,
		porque si es razón no amar,
		contra la razón no hay riesgo.
		Y si no es razón es fuerza,
		que os ha de vencer el tiempo,
		y entonces será victoria
		publicar el vencimiento.

Vos defendéis el desdén;
todos vencerle queremos;
vos decís que esto es razón;
permitíos al festejo,
y haced escuela al desdén,
donde en nuestro galanteo,
los intentos de obligaros
has de ser los argumentos.
Veamos quién tiene razón,
porque ha de ser nuestro empeño
inclinaros al cariño,
o quedar vencidos ellos.

Diana

Pues para que conozcáis
que la opinión que yo llevo
es hija del desengaño,
y del error vuestro intento,
festejad, imaginad
cuanto caminos y medio
de obligar una hermosura
tiene amor, halla el ingenio,
que desde aquí me permito
a lisonjas y festejos
con el oído y los ojos,
solo para convenceros
de que no puedo querer,
y que el desdén que yo tengo,
sin fomentarle el discurso,
es natural en mi pecho.

Gastón

Pues si argumento ha de ser
desde hoy nuestro galanteo,
todos vamos a argüir
contra el desdén y despego.

Príncipes, de la razón
y de amor es ya el empeño;
cada uno un medio elija
de seguir este argumento.
Veamos, para concluir,
quién elige mejor medio.

(Vase [don Gastón].)

Príncipe

Yo voy a escoger el mío,
y de vos, señora, espero
que habéis de ser contra vos
el más agudo argumento.

(Vase [el príncipe].)

Carlos

Pues yo, señora, también,
por deuda de caballero,
proseguiré en festejaros,
mas será sin ese intento.

Diana

Pues, ¿por qué?

Carlos

       Porque yo sigo
la opinión de vuestro ingenio;
mas aunque es vuestra opinión,
la mía es con más extremo.

Diana

¿De qué suerte?

Carlos

       Yo, señora,
no solo querer no quiero
mas ni quiero ser querido.

Diana   Pues, ¿en ser querido hay riesgo?

Carlos   No hay riesgo pero hay delito;
               no hay riesgo, porque mi pecho
               tiene tan establecido
               el no amar en ningún tiempo,
               que si el cielo compusiera
               una hermosura de extremos
               y ésta me amara, no hallara
               correspondencia en mi afecto.
               Hay delito, porque cuando
               sé yo que querer no puedo,
               amarme y no amar, sería
               faltar mi agradecimiento.
               Y así yo, ni ser querido
               ni querer, señora, quiero,
               porque temo ser ingrato
               cuando sé yo que he de serlo.

Diana   Luego, ¿vos me festejáis
               sin amarme?

Carlos   Esto es muy cierto.

Diana   Pues, ¿para qué?

Carlos   Por pagaros
               la veneración que os debo.

Diana   Y eso, ¿no es amor?

Carlos   ¿Amor?
               No, señora, esto es respeto.

Polilla (Aparte.)   (¡Cuerpo de Cristo! ¡Qué lindo!
                           ¡Qué bravo botón de fuego!
                           Échala de ese vinagre,
                           y verás, para su tiempo,
                           qué bravo escabeche sale.)

[Diana y Cintia hablan aparte.]

Diana   Cintia, ¿has oído a este necio?
                           ¿No es graciosa su locura?

Cintia   Soberbia es.

Diana   ¿No será bueno
                           enamorar a este loco?

Cintia   Sí, mas hay peligro en eso.

Diana   ¿De qué?

Cintia   Que tú te enamores,
                           si no logras el empeño.

Diana   Ahora eres tú más necia;
                           pues, ¿cómo puede ser eso?
                           No me mueven los rendidos
                           y, ¿ha de arrastrarme el soberbio?

Cintia   Esto, señora, es aviso.

Diana   Por eso he de hacer empeño
                           de rendir su vanidad.

Cintia   Yo me holgaré mucho de ello.

(A Carlos.)

Diana	Proseguid la bizarría,
	que yo ahora os la agradezco
	con mayor estimación,
	pues sin amor os la debo.

Carlos   ¿Vos agradecéis, señora?

Diana   Es porque con vos no hay riesgo.

Carlos   Pues yo iré a empeñaros más.

Diana   Y yo voy a agradecerlo.

Carlos   Pues mirad que no queráis,
            porque cesaré en mi intento.

Diana   No me costará cuidado.

Carlos   Pues siendo así, yo lo acepto.

Diana   Andad. Venid, Caniquí.

Carlos   ¿Qué decís?

Polilla   Soy ya ese lienzo.

(A Cintia.)

Diana   Cintia, rendido has de verle.

Cintia   Sí será; pero yo temo

que se te trueque la suerte.

(Aparte.) (Y eso es lo que yo deseo.)

(A Carlos.)

Diana   Mas, ¿oís?

Carlos   ¿Qué me queréis?

Diana   Que si acaso os muda el tiempo...

Carlos   ¿A qué, señora?

Diana   A querer.

Carlos   ¿Qué he de hacer?

Diana   Sufrir desprecios.

Carlos   ¿Y si en vos hubiese amor?

Diana   Yo no querré.

Carlos   Así lo creo.

Diana   Pues, ¿qué pedís?

Carlos   Por si acaso...

Diana   Eso acaso está muy lejos.

Carlos   ¿Y si llega?

Diana   No es posible.

Carlos   Supongo.

Diana   Yo lo prometo.

Carlos   Eso pido.

Diana   Bien está.
Quede así.

Carlos   Guárdeos el cielo.

Diana (Aparte.)   (Aunque me cueste un cuidado,
he de rendir a este necio.)

(Vanse Diana y las damas.)

Polilla   Señor, buena va la danza.

Carlos   Polilla, yo estoy muriendo;
todo mi valor ha habido
menester mi fingimiento.

Polilla   Señor, llévalo adelante,
y verás si no da fuego.

Carlos   Eso importa.

Polilla   Ven, señor,
que ya yo estoy acá dentro.

Carlos   ¿Cómo?

Polilla   Con lo Caniquí
                    me he hecho lienzo casero.

                    Fin de la primera jornada

Jornada segunda

(Salen Carlos y Polilla.)

Carlos

Polilla amigo, el pesar
me quitas. Dale a mi amor
alivio.

Polilla

A espacio, señor,
que hay mucho que confesar.

Carlos

Dímelo todo, que lucha
con mi cuidado mi amor.

Polilla

¿Quieres besarme, señor?
Apártate allá y escucha.
   Lo primero, esos bobazos
de estos príncipes, ya sabes
que en fiestas y asuntos graves
se están haciendo pedazos.
   Fiesta tras fiesta no tarda,
y con su desdén tirano
hacer fiestas es en vano,
porque ella no se las guarda.
   Ellos gastan su dinero
sin que con ello la obliguen,
y de enamorarla siguen
el camino carretero.
   Y ellos mismos son testigos
que van mal, que esta mujer
el alcanzarla ha de ser
echando por esos trigos.
   Y es tan cierta esta opinión
que con tu desdén fingido

de tal suerte la has herido
que ha pedido confesión;
   y con mi bellaquería
su pecho ha comunicado,
como ella me ha imaginado
doctor de esta teología.
   Para rendirte, un intento
siempre a preguntar me sale.
Mira tú de quien se vale
para que se yerre el cuento.
   Yo dije con gran mesura—
«Si eso en cuidado te tray,
para obligarle no hay
medio como tu hermosura.
   Hazle un favor, golpe en bola,
de cuando en cuando al cuitado,
y, en viéndole enamorado,
vuélvete y dile mamola».
   Ella de mi parecer
se ha agradado de tal arte
que ya está en galantearte.
Mas ahora es menester
   que con ceño impenetrable,
aunque parezcas grosero,
siempre tú estés más entero
que bolsa de miserable.
   Ni te piques con la salsa,
no piense tu bobería
que está la casa vacía
por ver la cédula falsa,
   porque ella la trae pegada,
y si tú vas a leella,
has de hallar que dice en ella—
«Aquí no se alquila nada».

Carlos   Y de eso, ¡qué ha de sacarse?

Polilla   Que se pique esta mujer.

Carlos   Pues, ¿cómo puedes saber
que ha de venir a picarse?

Polilla   ¿Cómo picarse? ¡Eso es bueno!
Si ella lo finge diez días
y tú de ella te desvías,
te ha de querer al onceno,
    a los doce ha de rabiar,
y a los trece, me parece
que, aunque ella se esté en sus trece,
te ha de venir a rogar.

Carlos   Yo pienso que dices bien;
mas yo temo de mi amor
que si ella me hace un favor
no sepa hacerla un desdén.

Polilla   ¿Qué más dijera una niña?

Carlos   Pues, ¿qué haré?

Polilla   Mostrarte helado.

Carlos   ¿Cómo, se estoy abrasado?

Polilla   Beber mucha garapiña.

Carlos   Yo he de esforzar mi cuidado.

Polilla   ¡Ah sí! ¡Pesia a mi memoria!
               que lo mejor de la historia
               es lo que se me ha olvidado.
                 Ya sabes que ahora son
               Carnestolendas.

Carlos   ¿Y pues?

Polilla   Que en Barcelona uso es
               de esta gallarda nación,
                 que con fiestas se divierte,
               llevar, sin nota en su fama,
               cada galán a su dama.
               Esto en palacio es por suerte;
                 ellas eligen colores,
               pide una el galán que viene,
               y la dama que le tiene
               va con él, y a hacer favores
                 al galán el día la empeña;
               él se obliga a ser imán,
               y es gusto porque es galán
               que suele ir con una dueña.
                 Esto supuesto, Diana
               contigo el ir ha dispuesto,
               y no sé, por lograr esto,
               como han puesto la pavana.
                 Ello está trazado ya;
               mas ella sale. Hacia allí
               te esconde; no te halle aquí,
               porque lo sospechará.

Carlos   Persuade tú a su desvío
               que me enamore.

Polilla   Es forzoso.
                  Tú eres enfermo dichoso,
                  pues te cura el beber frío.

(Salen Diana, Cintia y Laura. Polilla y Carlos esté oculto.)

Diana   Cintia, este medio he pensado
                  para rendirle a mi amor;
                  yo he de hacerle más favor.
                  Todas, como os he mandado,
                    como yo, habéis de traer
                  cintas de todas colores,
                  con que al pedir los favores
                  podréis cualquiera escoger
                    el galán que os pareciere,
                  pues cualquier color que pida
                  ya la tenéis prevenida,
                  y la que el de Urgel pidiere
                    dejádmela para mí.

Cintia   Gran victoria has de alcanzar
                  si le sabes obligar
                  a quererte.

Diana   ¿Caniquí?

Polilla   ¡Oh, luz de este firmamento!

Diana   ¿Qué hay de nuevo?

Polilla   Me he hecho amigo
                  de Carlos.

Diana   Mucho me obligo

de tu cuidado.

Polilla (Aparte.)   (Así intento
                        ser espía y del consejo.
                        No es mi prevención muy vana,
                        que esto es echar la botana
                        por si se sale el pellejo.)

Diana   ¿Y no has descubierto nada
                        de lo que yo de él procuro?

Polilla   ¡Ay, señora! Está más duro
                        que huevo para ensalada;
                          pero yo sé tretas bravas
                        con que has de hacerle bramar.

Diana   Pues tú lo has de gobernar.

Polilla (Aparte.)   (¡Ay, pobreta, que te clavas!)

Diana   Mil escudos te apercibo
                        si tú su desdén allanas.

Polilla (Aparte.)   Sí, haré. (El emplasto de ranas
                        pone por madurativo.)
                          Y si le vieses querer,
                        ¿qué harás después de tentarle?

Diana   ¿Qué? Ofenderle, despreciarle,
                        ajarle y darle a entender
                          que ha de rendir sus sosiegos
                        a mis ojos por despojos.

([Carlos] al paño.)

Carlos (Aparte.)   (¡Fuego de amor en tus ojos!)

Polilla (Aparte.)   (¡Gran gusto es ver dos juegos!)
                             Digo, ¿y no sería mejor,
                          después de haberle rendido,
                          tener piedad del caído?

Diana   ¿Qué llamas piedad?

Polilla   De amor.

Diana   ¿Qué es amor?

Polilla   Digo, querer,
                          así al modo de empezar;
                          que aquesto de pellizcar
                          no es lo mismo que comer.

Diana   ¿Qué es lo que dices? ¿Querer?
                          ¿Yo me había de rendir?
                          Aunque le viera morir
                          no me pudiera vencer.

[Carlos habla aparte con Polilla al paño.]

Carlos   (¿Hay mujer más singular?
                          ¡Oh, crüel!)

Polilla   (Déjame hacer;
                          que no solo ha de querer,
                          vive Dios, sino envidar.)

Carlos   (Yo salgo. El alma se abrasa.)

Polilla   Carlos viene.

Diana   Disimula.

Polilla (Aparte.)   (Lástima es que tome bula;
                           ¡si supiera lo que pasa!)

Diana   Cintia, avisa cuando es hora
                           de ir al sarao.

Cintia   Ya he mandado
                           que estén con ese cuidado.

(Sale Carlos.)

Carlos   Y yo el primero, señora,
                              vengo, pues es deuda igual,
                           a cumplir mi obligación.

Diana   Pues, ¿cómo, sin afición,
                           sois vos el más puntüal?

Carlos   Como tengo el corazón
                           sin los cuidados de amar,
                           tiene el alma más lugar
                           de cumplir su obligación.

([Polilla] aparte a Diana.)

Polilla   (Hazle un favorcillo al vuelo,
                           por si más grato le ves.)

Diana   (Eso procuro.)

Polilla (Aparte.)   (Esto es
                         hacerla escupir al cielo.)

Diana   Mucho, no teniendo amor,
                         vuestra asistencia me obliga.

Carlos   Si es mandarme que prosiga,
                         sin hacerme ese favor,
                           lo haré yo, porque obligada
                         a eso mi atención está.

Diana   Poca lumbre el favor da.

Polilla   Está la yesca mojada.

Diana   Luego, ¿al favor que os hago
                         no le dais estimación?

Carlos   Eso con veneración,
                         mas no con amor le pago.

(Polilla aparte a Carlos.)

Polilla   (¡Necio! Ni aun así le pagues.)

Carlos   (¿Qué quieres? Templa mi ardor,
                         aunque es fingido, el favor.)

Polilla   (Pues enjuágate y no tragues.)

Diana   ¿Qué le has dicho?

Polilla   Que, al oíllos

agradezca tus favores.

Diana   Bien haces.

Polilla (Aparte.)   (Esto es, señores,
engañar a dos carrillos.)

Diana   Si yo a querer algún día
me inclinase, fuera a vos.

Carlos   ¿Por qué?

Diana   Porque entre los dos
hay oculta simpatía.
 El llevar vos mi opinión,
el ser vos del genio mío;
y, a sufrirlo mi albedrío,
fuera a vos mi inclinación.

Carlos   Pues hicierais mal.

Diana   No hiciera,
que sois galán.

Carlos   No es por eso.

Diana   Pues, ¿por qué?

Carlos   Porque os confieso
que yo no os correspondiera.

Diana   Pues si os viérades amar
de una mujer como yo,
¿no me quisiérades?

Carlos   No.

Diana   Claro sois.

Carlos   No sé engañar.

Polilla (Aparte.)   (¡Oh, pecho heroico y valiente!
                       Dale por esos ijares;
                       si tú no se la pegares,
                       me la claven en la frente.)

([Diana] aparte con Polilla.)

Diana   (Mucho al enojo me acerco;
                       tal desahogo no he visto.)

Polilla   (Desvergüenza es, ¡vive Cristo!)

Diana   (¿Has visto tal?)

Polilla   (¡Es un puerco!)

Diana   (¿Qué haré?)

Polilla   (Meterle en la danza
                       de mor, y a puro desdén
                       quemarle.)

Diana   (Tú dices bien;
                       que esa es la mayor venganza.)

(A Carlos.)

Yo os tuve por más discreto.

Carlos   Pues, ¿qué he hecho contra razón?

Diana   Eso es ya desatención.

Carlos   No ha sido sino respeto.
         Y porque veáis que es error
        que haya en el mundo quien crea
        que el que quiere lisonjea,
        escuchad lo que es amor.
         Amar, señora, es tener
        inflamado el corazón
        con un deseo de ver
        a quien causa esta pasión,
        que es la gloria del querer.
         Los ojos, que se agradaron
        de algún sujeto que vieron,
        al corazón trasladaron
        las especias que cogieron
        y esta inflamación causaron.
         Su hidrópica ardor procura
        apagar de sus antojos
        la sed, viendo la hermosura;
        más crece la calentura
        mientras más beben los ojos.
         Siendo esta fiebre mortal
        quien corresponde al amor
        bien se ve que es desleal,
        pues le remedia el dolor,
        dando más fuerzas al mal.
         Luego el que amado se viere,
        no obliga en corresponder,
        si daña, como se infiere.

Pues oíd cómo en querer
tampoco obliga el que quiere.
   Quien ama con fe más pura
pretende de su pasión
aliviar la pena dura,
mirando aquella hermosura
que adora su corazón.
   El contento de miralla
le obliga al ansia de verla.
Esto, en rigor, es amalla;
luego aquel gusto que halla
le obliga solo a quererla.
   Y esto mejor se percibe
del que aborrecido está,
pues aquél, amando, vive,
no por el gusto que da,
sino por el que recibe.
   Los que aborrecidos son
de la dama que apetecen,
no sienten la desazón
porque causa su pasión
sino porque ellos padecen.
   Luego si por su tormento
el desdén siente quien ama,
el que quiere más atento,
no quiere el bien de su dama,
sino su propio contento.
   A su propia conveniencia
dirige amor su fatiga;
luego es clara consecuencia
que no con amor se obliga
ni con su correspondencia.

Diana   El amor es una unión

de dos almas que su ser
truecan por transformación,
donde es fuerza que ha de haber
gusto, agrado y elección.
    Luego si el gusto es después
del agrado y la elección,
y ésta voluntaria es,
ya le debe obligación,
si no amante, de cortés.

Carlos   Si vuestra razón infiere
que es amar obligación,
¿por qué os ofende el que quiere?

Diana   Porque yo tendré razón
para lo que yo quisiere.

Carlos   ¿Y qué razón puede ser?

Diana   Yo otra razón no prevengo
más que quererla tener.

Carlos   Pues ésa es la que yo tengo
para no corresponder.

Diana   ¿Y si acaso el tiempo os muestra
que vence vuestra porfía?

Carlos   Siendo una la razón nuestra,
si se venciera la mía
no es muy segura la vuestra.

(Suenan instrumentos.)

Laura

Señora, los instrumentos
ya de ser hora, dan señas
de comenzar el sarao
para las Carnestolendas.

Polilla

Y ya los príncipes vienen.

Diana

Tened todas advertencia
de prevenir los colores.

([Polilla] aparte a Carlos.)

Polilla

(¡Ah, señor, estar alerta!)

Carlos

(¡Ay, Polilla, lo que fino
toda una vida me cuesta!)

Polilla

(Calla, que de enamorarla
te hartarás al ir con ella,
por la obligación del día.)

Carlos

(Disimula, que ya llegan.)

(Salen el príncipe, don Gastón, [unos] galanes, y músicos.)

Músicos

«Venid los galanes
a elegir las damas;
pues en Carnestolendas
Amor se disfraza.
Falarala, larala.»

Príncipe

Dudoso vengo, señora,
pues teniendo corta estrella,
vengo fiado en la suerte.

Gastón

      Aunque mi duda es la mesma,
      el elegir la color
      me toca a mí; que el ser buena
      pues le toca a mi fortuna;
      ella debe cuidar de ella.

Diana

      Pues sentaos, y cada uno
      elija color, y sea
      como es uso, previniendo
      la razón para escogerla;
      y la dama que le tiene
      salga con él, siendo deuda
      el enamorarla en él
      y el favorecerle en ella.

Músicos

      «Venid los galanes
      a elegir las damas;
      pues en Carnestolendas
      Amor se disfraza.
      Falarala, larala.»

Príncipe

      Ésta es acción de fortuna,
      y ella, por ser loca y ciega,
      siempre le da lo mejor
      a quien menos partes tenga.
      Por ser yo el de menos partes,
      es forzoso que aquí sea
      quien tiene más esperanza;
      y así, el escoger es fuera
      el color verde.

Cintia (Aparte.)

                    (Si yo
      escojo de lo que queda,

después de Carlos, yo elijo
al de Bearne.) Yo soy vuestra,
que tengo el verde; tomad.

(Dale una cinta verde.)

Príncipe   Corona, señora, sea
de mi suerte el favor vuestro,
que, a no serlo, elección fuera.

(Danzan Cintia y el príncipe una mudanza; pónense mascarillas y retíranse a un
lado quedando en pie.)

Músicos   «Vivan los galanes
con sus esperanzas,
que para ser dichas
el tenerlas basta.
Falarala, larala.»

Gastón   Yo nunca tuve esperanza,
sino envidia, pues cualquiera
debe más favor que yo
a las luces de su estrella;
y, pues, siempre estoy celoso,

azul quiero.

Fenisa   Yo soy vuestra,
que tengo el azul. Tomad.

(Dale una azul.)

Gastón   Mudar de color pudiera;
pues ya, señora, mi envidia

con tan buena suerte cesa.

(Danzan y retíranse.)

Músicos   «No cesan los celos
                   por lograr la dicha,
                   pues los hay entonces
                   de los que la envidian.
                   Falarala, larala.»

Polilla   Y yo, ¿he de elegir color?

Diana   Claro está.

Polilla   Pues vaya fuera,
                   que ya salirme quería
                   a la cara la vergüenza.

Diana   ¿Que color pides?

Polilla   Yo tengo
                   hecho el buche a damas feas;
                   de suerte que habrá de ser
                   muy mala la que me quepa.
                   De las damas que aquí miro
                   no hay ninguna que no sea
                   como una rosa; y pues yo
                   le he de hacer mala por fuerza,
                   por si ella es como una rosa,
                   yo la quiero rosa seca.
                   Rosa seca, sal acá.
                   ¿Quién la tiene?

Laura   Yo soy vuestra,

que tengo el color. Tomad.

(Dale una cinta.)

Polilla   ¿Yo aquí he de favorecerla
                 y ella a mí ha de enamorarme?

Laura   No, sino al revés.

Polilla   Pues vuelta.

(Vuélvese de espaldas.)

                 Enamórame al revés.

Laura   Que no ha de ser eso, bestia,
                 sino enamórame tú.

Polilla   ¿Yo? Pues toda la manteca,
                 hecha pringue en la sartén,
                 a tu blancura no llega,
                 ni con tu pelo se iguala
                 la frisa de la bayeta,
                 ni dos ojos de jabón
                 más que los tuyos blanquean,
                 ni siete bocas hermosas
                 las unas tras otras puestas,
                 son tanto como la tuya;
                 y no hablo de pies y piernas,
                 porque no hilo tan delgado
                 que aunque yo con tu belleza
                 he caído, no he caído,
                 pues no cae el que no peca.

(Danzan y retíranse.)

Músicos   «Quien a rosas secas
                 su elección inclina,
                 tiene amor de rosas
                 y temor de espinas.
                 Falarala, larala.»

Carlos   Yo a elegir quedo el postrero,
                 y ha sido por la violencia
                 que me hace la obligación
                 de haber de fingir finezas;
                 y pues ir contra el dictamen
                 del pecho es enojo y pena,
                 para que lo signifique,
                 de los colores que quedan
                 pido el color nacarado.
                 ¿Quién la tiene?

Diana   Yo soy vuestra,
                 que tengo el nácar. Tomad.

(Dásela una cinta de nácar.)

Carlos   Si yo, señora, supiera
                 el acierto de mi suerte,
                 no tuviera por violencia
                 fingir amor, pues ahora
                 le debo tener de veras.

(Danzan y retíranse.)

Músicos   «Iras significa
                 el color de nácar;

el desdén no es ira.
Quien tiene iras ama.
Falarala, larala.»

([Polilla] aparte a Carlos.)

Polilla   (Ahora te puedes dar
                 un hartazgo de finezas
                 como para quince días,
                 mas no te ahites con ellas.)

Diana   Guíe la música pues,
                 a la plaza de las fiestas,
                 y ya galanes y damas
                 vayan cumpliendo la deuda.

Músicos   «Vayan los galanes
                 todos con sus damas,
                 que en Carnestolendas
                 Amor se disfraza.
                 Falarala, larala.»

(Vanse todos de dos en dos, y al entrar se detienen Diana y Carlos.)

Diana (Aparte.) (Yo he de rendir a este hombre
                 o he de condenarme a necia.)
                 ¡Qué tibio galán hacéis!
                 Bien se ve en vuestra tibieza
                 que es violencia enamorar,
                 y siendo el fingirlo fuerza,
                 no saberlo hacer no es falta
                 de amor, sino de agudeza.

Carlos   Si yo hubiera de fingirlo,

no tan remiso estuviera,
que donde no hay sentimiento
está más pronta la lengua.

Diana   Luego, ¿estáis enamorado
             de mí?

Carlos   Si no lo estuviera,
             no me atara este temor.

Diana   ¿Qué decís? ¿Habláis de veras?

Carlos   Pues si el alma lo publica,
             ¿puede fingirlo la lengua?

Diana   Pues, ¿no dijisteis que vos
             no podéis querer?

Carlos   Eso era
             porque no me había tocado
             el veneno de esta flecha.

Diana   ¿Qué flecha?

Carlos   La de esta mano
             que el corazón me atraviesa
             y, como el pez que introduce
             su venenosa violencia
             por el hilo y por la caña
             y al pescador pasma, y hiela
             el brazo que le detiene,
             a mí el alma me penetra
             el dulce, ardiente veneno
             que de vuestra mano bella

se introduce por la mía,
y hasta el corazón me llega.

Diana (Aparte.)   (Albricias, ingenio mío,
que ya rendí su soberbia.
Ahora probará el castigo
del desdén de mi belleza.)
Que, en fin, ¿vos no imaginabais
querer, y queréis de veras?

Carlos   Toda el alma se me abrasa,
todo mi pecho es centellas.
Temple en mí vuestra piedad
este ardor que me atormenta.

Diana   Soltad. ¿Qué decís? Soltad.

(Quítase la mascarilla Diana y suéltale la mano.)

¿Yo favor? La pasión ciega
para el castigo os disculpa,
mas no para la advertencia.
¿A mí me pedís favor
diciendo que amáis de veras?

Carlos   (¡Cielos, yo me despeñé!
Pero válgame la enmienda.)

Diana   ¿No os acordáis de que os dije
que en queriéndome, era fuerza
que sufrieses mis desprecios
sin que os valiese la queja?

Carlos   ¿Luego de veras habláis?

Diana

Pues, ¿vos no queréis de veras?

Carlos

¿Yo, señora? Pues, ¿se pudo
trocar mi naturaleza?
¿Yo querer de veras? ¿Yo?
¡Jesús, qué error! ¿Eso piensa
vuestra hermosura? ¿Yo amor?
Pues cuando yo le tuviera
de vergüenza lo callara.
Esto es cumplir con la deuda
de la obligación del día.

Diana (Aparte.)

¿Qué me decís? (¡Yo estoy muerta!)

(Aparte.)

¿Que no es de veras? (¿Qué escucho?
Pues, ¡cómo aquí a hablar no acierta
mi vanidad, de corrida!)

Carlos

Pues vos, siendo tan discreta,
¿no conocéis que es fingido?

Diana

Pues, ¿aquello de la flecha,
del pez, el hilo y la caña,
y el decir que el desdén era
porque no os había tocado
del veneno la violencia?

Carlos

Pues eso es fingido bien.
¿Tan necio queréis que sea
que cuando a fingir me ponga,
lo finja sin apariencia?

Diana

(¿Qué es esto que me sucede?

¿Yo he podido ser tan necia
que me haya hecho este desaire?
Del incendio de esta afrenta
el alma tengo abrasada.
Mucho temo que lo entienda.
Yo he de enamorar a este hombre,
si toda el alma me cuesta.)

Carlos

Mirad que esperan, señora.

Diana (Aparte.)

(¿Que a mí este error me suceda!)
Pues, ¿cómo vos...

Carlos

              ¿Qué decís?

Diana (Aparte.)

(¿Qué iba yo a hacer? Ya estoy ciega.)
Poneos la máscara y vamos.

Carlos (Aparte.)

(No ha sido mala la enmienda.
¿Así trata el rendimiento?
¡Ah crüel! ¡Ah ingrata! ¡Ah fiera!
Yo echaré sobre mi fuego
toda la nieve del Etna.)

Diana

Cierto que sois muy discreto,
y lo fingís de manera
que lo tuve por verdad.

Carlos

Cortesanía fue vuestra
el fingiros engañada
por favorecer con ella;
que con eso habéis cumplido
con vuestra naturaleza
y la obligación del día;

pues fingiendo la cautela
de engañaros, porque a mí
me dais crédito con ella,
favorecéis el ingenio
y despreciáis la fineza.

Diana (Aparte.)

(Bien agudo ha sido el modo
de motejarme de necia;
mas así le he de engañar.)
Venid, pues, y aunque yo sepa
que es fingido, proseguid;
que eso a estimaros me empeña
con más veras.

Carlos

¿De qué suerte?

Diana

Hace a mi desdén más fuerza
la discreción que el amor,
y me obligáis más con ella.

Carlos (Aparte.)

(¿Quién no entendiese su intento?
Yo le volveré la flecha.)

Diana

¿No proseguís?

Carlos

No, señora.

Diana

¿Por qué?

Carlos

Me ha dado tal pena
el decirme que os obligo,
que me ha hecho perder la senda
del fingirme enamorado,

Diana	Pues vos, ¿qué perder pudierais en tenerme a mí obligada con vuestra intención discreta?

Carlos: Arriesgarme a ser querido.

Diana: Pues, ¿tan mal os estuviera?

Carlos: Señora, no está en mi mano;
y si yo en eso me viera,
fuera cosa de morirme.

Diana (Aparte.): (¿Que esto escuche me belleza?)
Pues, ¿vos presumís que yo
puedo quereros?

Carlos: Vos mesma
decís que la que agradece
está de querer muy cerca;
pues quien confiesa que estima,
¿qué falta para que quiera?

Diana: Menos falta para injuria
a vuestra loca soberbia;
y eso poco que le falta,
pasando ya de grosera,
quiero excusar con dejaros.
Idos.

Carlos: Pues, ¿cómo a la fiesta
queréis faltar? ¿Puede ser
sin dar causa a otra sospecha?

Diana: Ese riesgo a mí me toca.

Decid que estoy indispuesta,
que me ha dado un accidente.

Carlos   Luego con eso licencia
me dais para no asistir.

Diana   Si os mando que os vais, ¿no es fuerza?

Carlos   Me habéis hecho un gran favor.
Guarde Dios a vuestra alteza.

(Vase Carlos.)

Diana   ¿Qué es esto que por mí pasa?
¡Tan ciego estoy, tan ciega,
que si supiera algún medio
de triunfar de su soberbia,
aunque arriesgara el respeto,
por rendirle a mi belleza,
a costa de mi decoro
comprara la diligencia!

(Sale Polilla.)

Polilla   ¿Qué es esto, señora mía?
¿Cómo se ha aguado la fiesta?

Diana   Hame dado un accidente.

Polilla   Si es cosa de la cabeza,
dos parches de tacamaca,
y que te traigan las piernas.

Diana   No tienen piernas las damas.

Polilla   Pues por esta razón mesma
               digo yo que te las traigan.
               Mas, ¿qué ha sido tu dolencia?

Diana   Aprieto del corazón.

Polilla   ¡Jesús! Pues si no es más de ésa,
               sángrate y púrgate luego,
               u échate unas sanguijuelas,
               dos docenas de ventosas,
               y al instante estarás buena.

Diana   Caniquí, yo estoy corrida
               de no vencer la tibieza
               de Carlos.

Polilla   Pues, ¿eso dudas?
               ¿Quieres que por ti se pierda?

Diana   Pues, ¿cómo se ha de perder?

Polilla   Hazle que tome una renta.
               Pero, de veras hablando,
               tú, señora, ¿no deseas
               que se enamore de ti?

Diana   Toda mi corona diera
               por verle morir de amor.

Polilla   ¿Y es eso cariño o tema?
               La verdad, ¿te entra el Carlillos?

Diana   ¿Qué es cariño? Yo soy peña.

Para abrasarle a desprecios,
a desaires y a violencias,
lo deseo solo.

Polilla (Aparte.)   (¡Zape!
Aún está verde la breva;
mas ella madurará
como hay muchachos y piedras.)

Diana   Yo sé que él gusta de oír
cantar.

Polilla   Mucho, como sea
la Pasión o algún buen salmo,
cantado con castañetas.

Diana   ¿Salmo? ¿Qué decís?

Polilla   Es cosa,
señora, que esto le eleva.
Lo que es música de salmos
pierde su juicio por ella.

Diana   Tú has de hacer por mí una cosa.

Polilla   ¿Qué?

Diana   Abierta hallarás la puerta
del jardín; yo con mis damas
estaré allí, y sin que él sepa
que es cuidado, cantaremos;
tú has de decir que le llevas
porque nos oiga cantar,
diciendo que, aunque le vean,

a ti te echarán la culpa.

Polilla

Tú has pensado buena treta,
porque en viéndote cantar
se ha de hacer una jalea.

Diana

Pues ve a buscarle al momento.

Polilla

Llevaréle con cadena.
A oír cantar irá el otro
tras de un entierro; mas sea
buen tono.

Diana

                    ¿Qué te parece?

Polilla

Alguna cosa burlesca
que tenga mucha alegría.

Diana

¡Como qué?

Polilla

                        Un «requiem aeternam».

Diana

Mira que voy al jardín.

Polilla

Pues ponte como una Eva
para que caiga este Adán.

Diana

Allá espero.

(Vase Diana.)

Polilla

                    Norabuena.
Que tú has de ser la manzana
y has de llevar la culebra.

Señores, ¡que estas locuras
ande haciendo una princesa!
Mas, quien tiene la mayor,
¿qué mucho que esotras tenga?
Porque las locuras son
como un plato de cerezas,
que en tirando de la una,
las otras se van tras ella.

(Sale Carlos.)

Carlos   ¿Polilla amigo?

Polilla   Carlos, ¡bravo cuento!

Carlos   Pues, ¿que ha habido de nuevo?

Polilla   Vencimiento.

Carlos   Pues tú, ¿qué has entendido?

Polilla   Que para enamorarte, me ha pedido
que te lleve al jardín, donde has de vella,
más hermosa y brillante que una estrella,
cantando con sus damas;
que como te imagina duro tanto,
ablandarte pretende con el canto.

Carlos   ¿Eso hay? Mucho lo extraño.

Polilla   Mira si es liviandad de buen tamaño,
y si está ya harto ciega,
pues esto hace y de mí a fiarlo llega.

(Tañen dentro.)

Carlos   Ya escucho el instrumento.

Polilla   Ésta es ya tuya.

Carlos   Calla, que canta ya.

Polilla   ¡Pues aleluya!

(Canten dentro.)

Música   «Olas eran de zafir
                las del mar sola esta vez,
                con el que siempre le aclaman
                los mares segundo rey.»

Polilla   Vamos, señor.

Carlos   ¿Qué dices? Que yo muero.

Polilla   Deja eso a los pastores de la Arcadia
                y vámonos allá, que esto es primero.

Carlos   ¿Y qué he de hacer?

Polilla   Entrar, y no mirarla,
                y divierte con la copia bella
                de flores, y aunque ella
                se haga rajas cantando, no escucharla,
                porque se abrase.

Carlos   No podré emprenderlo.

| Polilla | ¿Cómo no? ¡Vive Cristo!, que has de hacerlo
o te tengo de dar con esta daga
que traigo para eso, que esta llaga
se ha de curar con escozor. |

| Carlos | No intentes
eso, que no es posible que lo allanes. |

| Polilla | Señor, tú has de sufrir polvos de Juanes;
que toda el alma tienes ya podrida. |

(Música.)

| Carlos | Otra vez cantan; oye, por tu vida. |

| Polilla | Pesia a mi alma; vamos,
no es eso tiempo pierdas. |

| Carlos | Atendamos;
que luego estar podemos. |

| Polilla | Allá, desde más cerca, escucharemos.
¡Anda con Barrabás! |

| Carlos | Oye primero. |

| Polilla | Has de entrar, ¡vive Dios! |

| Carlos | Oye. |

| Polilla | No quiero. |

(Salen Diana, Cintia, Laura, Fenisa y damas en guardapiés y justillos, cantando.)

Damas   «Olas eran de zafir
               las del mar sola esta vez,
               con el que siempre le aclaman
               los mares segundo rey.»

Diana   ¿No habéis visto entrar a Carlos?

Cintia   No solo no le hemos visto,
               mas ni aun de que venir pueda
               en el jardín hay indicio.

Diana   Laura, ten cuenta si viene.

Laura   Ya yo, señora, lo miro.

Diana   Aunque arriesgue mi decoro,
               he de vencer sus desvío.

Laura   Cierto, que estás tan hermosa,
               que ha de faltarle el sentido
               si te ve y no se enamora.
               Mas, señora, ya le he visto;
               ya está en el jardín.

Diana   ¿Qué dices?

Laura   Que con Caniquí ha venido.

Diana   Pues volvamos a cantar,
               y sentaos todas conmigo.

(Siéntanse todas, y salen Polilla y Carlos.)

Polilla   No te derritas, señor.

Carlos

Polilla, ¿no es un prodigio
su belleza? En aquel traje
doméstico es un hechizo.

Polilla

¿Qué bravas están las damas
en guardapiés y justillo!

Carlos

¿Para qué son los adornos
donde hay sin ello tal brío?

Polilla

Mira. Éstas son como el cardo,
que el hortelano advertido
le deja las pencas malas,
que, aunque no son de servicio,
abultan para venderle;
pero después de vendido,
solo se come el cogollo;
pues las damas son lo mismo.
Lo que se come es aquesto,
que el moño y el artificio
de las faldas son las pencas,
que se echan a los borricos.
Pero vuelve allá la cara,
no mires, que vas perdido.

Carlos

Polilla, no he de poder.

Polilla

¿Qué llamas no? ¡Vive Cristo,
que he de meterte la daga
si vuelves!

(Le pone la daga a la cara.)

Carlos   Ya no la miro.

Polilla   Pues la estás oyendo, engaña
                los ojos con los oídos.

Carlos   Pues vámonos alargando,
                porque si canta, el no oírlo
                no parezca que es cuidado,
                sino divertirme el sitio.

Cintia   Ya te escucha, cantar puedes.

Diana   Así vencerle imagino.

(Canta.)   «El que solo de su abril
                escogió mayo cortés,
                por gala de su esperanza,
                las flores de su desdén.»

Diana   ¿No ha vuelto a oír?

Laura   No, señora.

Diana   ¿Cómo no? Pues, ¿no me ha oído?

Cintia   Puede ser, porque está lejos.

Carlos   En toda mi vida he visto
                más bien compuesto jardín.

Polilla   Vaya de eso, que es lindo.

Diana   El jardín está mirando.
                ¿Este hombre está sin sentido?

¿Qué es esto? Cantemos todas
para ver si vuelve a oírnos.

(Cantan todas.)

Damas   «A tan dichoso favor
sirva tan florido mes,
por gloria de sus trofeos
rendido le bese el pie.»

Carlos   ¡Qué bien hecho está aquel cuadro
de sus armas! ¡Qué pulido!

Polilla   Harto más pulido es eso.

Diana   ¡Que esto escucho! ¡Que esto miro!
¿Los cuadros está alabando
cuando yo canto?

Carlos   No he visto
hiedra más bien enlazada.
¡Qué hermoso verde!

Polilla   Eso pido;
date en lo verde, que engordas.

Diana   No me ha visto o no me ha oído,
Laura, al descuido le advierte
que estoy yo aquí.

(Levántase Laura.)

Cintia (Aparte.)   (Este capricho
la ha de despeñar a amar.)

| Laura | Carlos, estad advertido
que esta aquí dentro Diana. |

| Carlos | Tiene aquí un famoso sitio;
los laureles están buenos;
pero entre aquellos jacintos
aquel pie de guindo afea. |

| Polilla | ¡Oh qué lindo pie de guindo! |

| Diana | ¿No se lo advertiste, Laura? |

| Laura | Ya, señora, se lo he dicho. |

| Diana | Ya no yerra de ignorancia;
pues, ¿cómo está divertido? |

(Pasa Carlos por delante de Diana, llevándole Polilla la daga junto a la cara para que no vuelva.)

| Polilla | Señor, por aquesta calle
pasa sin mirar. |

| Carlos | Rendido
estoy a mi resistencia;
volver temo. |

| Polilla | ¡Ten, por Cristo,
que te herirás con la daga! |

| Carlos | Yo no pudo más, amigo. |

| Polilla | Hombre, mira que te clavas. |

Carlos   ¿Qué quieres? Ya me he vencido.

Polilla   Vuelve por esotro lado.

Carlos   ¿Por acá?

Polilla   Por allá digo.

Diana   ¿No ha vuelto?

Laura   Ni lo imagina.

Diana   Yo no creo lo que miro;
                  ve tú al descuido, Fenisa,
                  y vuelve a dar el aviso.

(Levántase y va Fenisa.)

Polilla   Otro correo dispara,
                  mas no dan lumbre los tiros.

Fenisa   ¿Carlos?

Carlos   ¿Quién llama?

Polilla   ¿Quién es?

Fenisa   Ved que Diana os ha visto.

Carlos   Admirado de esta fuente
                  en verla me he divertido
                  y no había visto a su alteza;
                  decid que ya me retiro.

Diana (Aparte.)

(¡Cielos! Sin duda se va.)
¡Oíd, escuchad! A vos digo.

(Levántase.)

Carlos

¿A mi, señora?

Diana

        Sí, a vos.

Carlos

¿Qué mandáis?

Diana

        ¿Cómo, atrevido,
habéis entrado aquí dentro,
sabiendo que en mi retiro
estaba yo con mis damas?

Carlos

Señora, no os había visto;
la hermosura del jardín
me llevó, y perdón os pido.

Diana (Aparte.)

(Esto es peor; que aún no dice
que para escucharme vino.)
Pues, ¿no me oísteis?

Carlos

        No, señora.

Diana

No es posible.

Carlos

        Un yerro ha sido,
que solo enmendarse puede
con no hacer más el delito.

(Vase.)

Cintia   Señora, este hombre es un tronco.

Diana   Déjame, que sus desvíos
                el sentido han de quitarme.

(Aparte [Cintia y Laura].)

Cintia   (Laura, esto va ya perdido.)

Laura   (Si ella no está enamorada
                de Carlos, ya va camino.)

(Vanse.)

Diana   ¡Cielos! ¿Qué es esto que veo?
                Un Etna es cuanto respiro.
                ¡Yo despreciada!

Polilla (Aparte.)   (Eso sí,
                pesia a su alma, dé brincos.)

Diana   ¿Caniquí?

Polilla   ¿Señora mía?

Diana   ¿Qué es esto? ¿Este hombre no vino
                a escucharme?

Polilla   Sí, señora.

Diana   Pues, ¿cómo no ha vuelto a oírlo?

Polilla   Señora, es loco de atar.

Diana

Pues, ¿qué respondió o qué digo?

Polilla

Es vergüenza.

Diana

Dilo, pues.

Polilla

Que cantabais como niños
de escuela, y que no quería
escucharos.

Diana

¿Eso ha dicho?

Polilla

Sí, señora.

Diana

¡Hay tal desprecio!

Polilla

Es un bobo.

Diana

¡Estoy sin juicio!

Polilla

No hagas caso.

Diana

¡Estoy mortal!

Polilla

Que es un bárbaro.

Diana

Eso mismo
me ha de obligar a rendirle
si muero por conseguirlo.

(Vase.)

Polilla

¡Buena va la danza, alcalde,

y da en la albarda el granizo!

Fin de la segunda jornada

Jornada tercera

(Salen Carlos, Polilla, don Gastón y el príncipe de Bearne.)

Gastón   Carlos, nuestra amistad no da licencia
de valernos de vos para este intento.

Carlos   Ya sabéis que es segura mi obediencia.

Príncipe   En fe de eso os consulto el pensamiento.

Polilla   Va de consulta, y salga la propuesta,
que todo lo demás es molimiento.

Príncipe   Ya vos sabéis que no ha queado fiesta,
fineza, ostentación, galantería,
que no haya sido de los tres compuesta
    para vencer la injusta antipatía
que nos tiene Diana, sin debella
ni aun lo que debe dar la cortesía;
    pues habiendo salido vos con ella,
la obligación y el uso de la suerte,
por no favorecernos, atropella,
    y la alegría del festín convierte
en queja de sus damas, y en desprecio
de nosotros, si el término se advierte;
    y de nuestro decoro haciendo aprecio
más que de nuestro amor, nos ha obligado
solamente a vencer su desdén necio,
    y el gusto quedará desempeñado
de los tres, sila viésemos vencida
de cualquiera de todos al cuidado.
    Para eso, pues, traemos prevenida
yo y don Gastón la industria que os diremos,

que si a esta flecha no quedare herida,
no queda ya camino que intentemos.

Carlos   ¿Qué es la industria?

Gastón   Que pues para estos días
todos por suerte ya damas tenemos,
  prosigamos en las galanterías
todos sin hacer caso de Diana,
pues ella se excusó con sus porfías;
  que si a ver llega su altivez tirana,
por su desdén, su adoración perdida,
si no de amante, se ha de herir de vana;
  y en conociendo indicios de la herida,
nuestras finezas han de ser mayores,
hasta tenerla en su rigor vencida.

Polilla   No es ése mal remedio; mas, señores,
eso es lomismo que a cualquier doliente
el quitarle la cena los doctores.

Príncipe   Pero si no esremedio suficiente,
cuandono alivie o temple la dolencia,
sirve de que no crezca el accidente.
  Si a Diana la ofende la decencia
con que la festejamos, porfiarla
solo será crecer su resistencia.
  Ya no queda más medio que dejarla,
pues si la ley que dio naturaleza
no falta en ella, así hemos de obligarla,
  porque en viendo perdida la fineza
la dama, aun de aquel mismo que aborrece,
sentirlo es natural en la belleza,
  que la veneradió de que crece,

aunque el gusto cansado la desprecia,
la vanidad del alma la apetece,
   y si le falta lo que elalma aprecia,
aunque lo calle allá su sentimiento,
la estará a solas condenando a necia.
   Y cuando no se logre el pensamiento
de obligarla a querer, en que lo sienta
queda vengado bien nuestro tormento.

Carlos   Lo que, ofendido, vuestro amor intenta,
por dos causas de mí queda aceptado:
uno, el ser fuerza que ella lo consienta,
   porque eso su desdén nos ha mandado;
y otra, que, sin amor, ese desvío
no me puede costar ningún cuidado.

Príncipe   Pues la palabra os tomo.

Carlos   Yo la fío.

Príncipe   Y aun de Diana el nombre a nuestro labio
desde aquí lo prohiba el albedrío.

Gastón   Ése contra el desdén esmedio sabio.

Carlos   Digo que de mi parte lo prometo.

Príncipe   Pues vos veréis vengado vuestro agravio.

Gastón   Vamos, y aunque se ofenda su respeto,
en festar las damas prosigamos
con más finezas.

Carlos   Yo el desvío aceto.

Príncipe

Pues si a un tiempo todos la dejamos,
cierto será el vencerla.

Carlos

Así lo creo.

Príncipe

Vamos pues, don Gastón.

Gastón

Bearne, vamos.

Príncipe

Logrado habéisde ver nuestro deseo.

(Vanse el príncipe y don Gastón.)

Polilla

Señor, ésta es brava traza
y medida a tu deseo,
que esto es echarte el ojeo,
porque tú mates la caza.

Carlos

Polilla, ¡mujer terrible!
¡Que aun no quiera tan picada!

Polilla

Señor, ella está abrasada,
mas rendirse no es posible.
  Ella te quiere, señor,
y dice que te aborrece,
mas lo que ira le parece
es quinta esencia de amor;
  porque cuando una mujer
de los desdenes se agravia,
bien puede llamarlo rabia,
mas es rabiar por querer.
  Día y noche está trazando
cómo vengar su congoja;

mas notemas que te coja,
que ella te dará bien blando.

Carlos   ¿Qué dice de mí?

Polilla   Te acusa.
Dice que eres un grosero,
desatento, majadero.
Y yo, que entiendo la musa,
  digo, «Señora, es un loco,
un sucio»; y ella después
vuelve por ti y dice, «no es;
que ni tanto nitan poco».
  En fin, porque sus desvelos
no se logran, yo imagino
que ahora toma otro camino,
y quiere picarte a celos.
  Conoce tú la varilla,
y si acaso te la echa,
disimula, y di a la flecha,
riendo, «Hágote cosquilla»;
  que ella te se vendrá al ruego.

Carlos   ¿Por qué?

Polilla   Porque, aunque se enoje,
quien cuando siembra no coge,
va a pedirlimosna luego,
  esto es, señor, evidencia.
Lope, el fénix español,
de los ingenio el Sol,
lo dijo en esta sentencia,
  «Quien tiene celos y ofende,
¿qué pretende?

La venganza de un desdén;
y, ¿si no le sale bien?
Vuelve a comprar lo que vende».
    Mas ya los príncipes van
sus músicas previniendo.

Carlos   Irme con ellos pretendo.

Polilla   Con eso juego te dan.

Carlos   Diana viene.

Polilla   Pues cuidado,
          y escápate.

Carlos   Me voy luego.

(Vase.)

Polilla   Vete, que sinos ve el juego
          perderemos lo envidado.

(Cantan dentro y va saliendo Diana.)

Músicos   «Pastores, Cintia me mata;
          Cintia es mi muerte y mi vida;
          yo de ver a Cintia vivo,
          y muero por ver a Cintia.»

Diana   ¡Tanta Cintia!

Polilla   Es el reclamo
          del bearnés.

Diana   ¡Finezas necias!

Polilla (Aparte.)   (Todo esto es echar especias
                         al guisado de mi amo.)

Diana   Por no ver estas contiendas
                         que a sus dama s alaben,
                         deseo ya que se acaben
                         aquestas Carnestolendas.

Polilla   Eso ya es rigor tirano.
                         Deja, señora, querer,
                         si no quieres; que esto es ser
                         el perro del hortelano.

Diana   Pues, ¿no es cosa muy cansada
                         oír músicas precisas
                         de Cintias, Lauras, Fenisas
                         cada instante?

Polilla   Si te enfada
                            ver tu nombre en verso escrito,
                         ¿qué han de hacer sino «cintiar,
                         laurear, y fenizar»
                         porque «dianar» es delito?
                            Y el bearnés tan fino está
                         con Cintia, que está en su pecho,
                         que una gran décima ha hecho.

Diana   ¿Y cómo dice?

Polilla   Allá va.
                            «Cintia el mandamiento quinto
                         quebró en mí, como saeta;

Cintia es la que a mí me aprieta,
y yo soy de Cintia el cinto.
Cintia y cinta no es distinto;
y pues Cintia es semejante
a cinta, soy fino amante,
pues traigo cinta en la liga,
y esta décima la diga
Cintor el representante.»

Diana

Bien por cierto; mas ya suena
otra música.

Polilla

¡Y galante!

Diana

Ésta será de otro amante.

Polilla (Aparte.)

(Reventando está de pena.)

Músicos

«No iguala a Fenisa el fénix,
que si él muere y resucita,
Fenisa da vida y mata;
más que el fénix es Fenisa.»

Diana

¡Qué finos están!

Polilla

¡Jesús!
Mucha cosa, y aun mi pecho.
Oye lo que a Laura he hecho.

Diana

¿También das músicas?

Polilla

Pus;

(Canta.)

«Laura, en rigor, es laurel;
y pues Laura a mí me plugo,
yo tengo que ser besugo
por escabecharme en él.»

Diana
Y Carlos, ¿no me pudiera
dar música a mí también?

Polilla
Si él llegara a querer bien,
sin duda se te atreviera;
    mas él no ama, y tú el concierto
de que te dejase hiciste,
con que al punto que dijiste,
«Id con Dios», vio el cielo abierto.

Diana
Que lo dije así confieso,
mas él porfiar debía;
que aquí es cortés la porfía.

Polilla
Pues, ¿cómo puede ser eso,
    si a las fiestas han de ir,
y es desprecio de su fama
no ir un galán con su dama,
y tú no quieres salir?

Diana
¿Que pudiera ser, no infieres,
que saliese yo con él?

Polilla
Sí, señora; pero él
sabe poco de poderes.
    Mas ya galanes y damas
a las fiestas van saliendo;
cierto que es un mayo ver

las plumas de los sombreros.

Diana

Todos vienen con sus damas,
y Carlos viene con ellos.

Polilla (Aparte.)

(Señores, si esta mujer,
viendo ahora este desprecio,
no se rinde a querer bien,
ha de ahorcarse como hay credo.)

(Salen Cintia, el príncipe, Fenisa, don Gastón, damas, galanes, y músicos, todos con sombreros y plumas. Carlos después.)

Músicos

«A festejar sale Amor
sus dichosos prisioneros,
dando plumas sus penachos
a sus arpones soberbios.»

Príncipe

Príncipes, para picarla,
es éste el emjor remedio.

Gastón

Mostrarnos finos importa.

Carlos

Mi fineza es el despego.

Príncipe

Cada instante, Cintia hermosa,
me olvido de que soy vuestro,
porque no creo a mi suerte
la dicha que la merezco.

Cintia

Más dudo yo, pues presumo
que el ser tan fino es empeño
del día, y no del amor.

Príncipe   Salir del día deseo,
                por venceros esa duda.

Gastón   Y vos, si dudáis lo mesmo,
                veréis pasar mi fineza
                a los mayores extremos,
                cuando solo deuda sea
                de la fe con que os venero.

Diana   Nadie se acuerda demí.

Polilla   Yo por ninguno lo siento,
                sino por aquel menguado
                de Carlos, que es un soberbio.
                ¿Tien él algo más que ser
                muy galán y muy discreto,
                muy liberal y valiente,
                y hacer muy famosos versos,
                y ser un príncipe grande?
                Pues, ¿qué tenemos con eso?

Príncipe   Conde de Fox, no perdamos
                tiempo para los festejos
                que tenemos prevenidos.

Gastón   Tan feliz día logremos.

Diana   ¡Qué tiernos van!

Polilla   Son menguados.

Diana   Pues, ¿es malo el estar tiernos?

Polilla   Sí, que es cosa de capones.

Príncipe   Proseguid el dulce acento
              que nuestra dicha celebra.

Carlos   Yo seré imán de sus ecos.

(Vanse pasando por delante de Diana, sin reparar[se] en ella.)

Músicos   «A festejar sale Amor
              sus dichosos prisioneros,
              dando plumas sus penachos
              a sus arpones soberbios.»

Diana   ¡Qué finos van y qué graves!

Polilla   ¿Sabes qué parecen éstos?

Diana   ¿Qué?

Polilla   Priores y abadesas.

Diana   Y Carlos se va con ellos;
              solo de él siento el desdén;
              pero de abrasarle a celos
              es ésta buena ocasión.
              Llámale tú.

Polilla   ¡Ah, caballero!

Carlos   ¿Quién me llama?

Polilla   «Appropinquatio
              ad parlandum.»

Carlos   ¿Con quién?

Polilla   «Mecum.»

Carlos   Pues, ¿para eso me llamas,
                    cuando ves que voy siguiendo
                    este acento enamorado?

Diana   ¿Vos enamorado? ¡Bueno!
                    ¿Y de quién lo estáis?

Carlos   Señora,
                    también yo aquí dama llevo.

Diana   ¿Qué dama?

Carlos   Mi libertad,
                    que es a quien yo galanteo.

Diana (Aparte.)   (Cierto que me había dado
                    gran susto.)

Polilla (Aparte.)   (Bueno va esto
                    ya está más allá de Illescas
                    para llegar a Toledo.)

Diana   ¿La libertad es la dama?
                    Buen gusto tenéis, por cierto.

Carlos   En siendo gusto, señora,
                    no importa que no sea bueno;
                    que la voluntad no tiene
                    razón para su deseo.

Diana	Pero ahí no hay voluntad.

Carlos	Sí hay tal.

Diana	 O yo no lo entiendo,
o no la hay; que no se puede
dar voluntad sin sujeto.

Carlos	El sujeto es el no amar,
y voluntad hay en esto;
pues si quiero no querer,
ya quiero lo que no quiero.

Diana	La negación no da ser,
que solo el entendimiento
le da la ente de razón
un ser fingido y supuesto,
y así es esa voluntad,
pues sin causa no hay efecto.

Carlos	Vos, señora, no sabéis
lo que es querer, y así en esto
será lisonja deciros
que ignoráis el argumento.

Diana	No ignoro tal, que el discurso
no ha menester los efectos
para conocer las causas,
pues sin la experiencia de ellos
las ve la filosofía;
pero yo ahora lo entiendo
con experiencia también.

Carlos	Pues, ¿vos queréis?

Diana   Lo deseo.

([Polilla] aparte a Carlos.)

Polilla   (¡Cuidado!, que va apuntando
                                la varita delos celos;
                                úntate muy bien las manos
                                con aceite de desprecios;
                                no se te pegue la liga.)

([Diana] aparte a Polilla.)

Diana   (Si éste tiene entendimiento,
                                se ha de abrasar, o no es hombre.)

Polilla (Aparte.)   (Eso fuera a no estar hecho
                                él defensivo, y pegado.)

Carlos   De oíros estoy suspenso.

Diana   Carlos, yo he reconocido
                                que la opinión que yo llevo
                                es ir contra la razón,
                                contra el útil de mi reino,
                                la quietud de mis vasallos,
                                la duración de mi imperio.
                                Viendo estos inconvenientes,
                                he puesto a mi pensamiento
                                tan forzosos silogismos,
                                que le he vencido con ellos.
                                Determinada a casarme,
                                apenas cedió el ingenio
                                al poder de la verdad

su sofístico argumento,
cuando vi, al abrir los ojos,
que la nube de aquel yerro
le había quitado al alma
la luz del conocimiento.
El príncipe de Bearne,
mirado sin pasión...

([Polilla] aparte a Carlos.)

Polilla   (¡Helos,
al aceite, que traen liga!)

Diana   ...es tan galán caballero,
que merece la atención
mía, que harto le encarezco.
Por su sangre no hay ninguno
de mayor merecimiento;
por sus partes no le iguala
el más galán, más discreto.
Lo afable en los agasajos,
lo humilde en los rendimientos,
lo primoroso en finezas,
lo generoso en festejos,
nadie tiene como él.
Corrida estoy de que un yerro
me haya tenido tan ciega,
que no viese lo que veo.

([Carlos] aparte a Polilla.)

Carlos   (Polilla, aunque sea fingido,
¡vive Dios!, que estoy muriendo.)

Polilla   (Aceite, ¡pesia a mi alma!,
aunque te manches con ello.)

Diana   Y así, Carlos, determino
casarme; mas antes quiero,
por ser tan discreto vos,
consultaros este intento.
¿No os parece que el de Bearne
que será el más digno dueño
que dar puedo a mi corona?
Que yo por el más perfecto
le tengo de todos cuantos
me asisten. ¿Qué sentís de ello?
Parece que os demudáis.
¿Extrañáis mi pensamiento?

(Aparte.)   (Bien he logrado la herida,
que del semblante lo infiero;
todo el color ha perdido.
Eso es lo que yo pretendo.)

([Polilla] aparte a Carlos.)

Polilla   (¡Ah, señor!)

Carlos   (Estoy sin alma.)

Polilla   (Sacúdete, majadero;
que se te pega la liga.)

Diana   ¿No me respondéis? ¿Qué es eso?
Pues, ¿de qué os habéis turbado?

Carlos   Me he admirado, por lo menos.

Diana   ¿De qué?

Carlos   De que yo pensaba
                         que no pudo hacer el cielo
                         dos sujetos tan iguales,
                         que estén a medida y peso
                         de unas mismas cualidades
                         sin diferencia compuestos,
                         y lo estoy viendo en los dos,
                         pues pienso que estamos hechos
                         tan debajo de una causa,
                         que yo soy retrato vuestro.
                         ¿Cuánto ha, señora, que vos
                         tenéis ese pensamiento?

Diana   Días ha que está trabada
                         esta batalla en mi pecho,
                         y desde ayer me he vencido.

Carlos   Pues aquese mismo tiempo
                         ha que estoy determinado
                         a querer; ello por ello;
                         y también mi ceguedad
                         me quitó el conocimiento
                         de la hermosura que adoro;
                         digo, que adorar deseo;
                         que cierto que lo merece.

Diana (Aparte.)   (Sin duda logré mi intento.)
                         Pues bien podéis declararos;
                         que yo nada os he encubierto.

Carlos   Sí, señora, y aun hacer
                         vanidad por el acierto.

Cintia es la dama.

Diana   ¿Quién? ¿Cintia?

Polilla   (¡Ah, buen hijo! Como diestro
                        herir por los mismos filos;
                        que ésa es doctrina del negro.)

Carlos   ¿No os parece que he tenido
                        buena elección en mi empleo?
                        Porque ni más hermosura
                        ni mejor entendimiento
                        jamás en mujer he visto.
                        Aquel garbo, aquel sosiego,
                        su agrado, ¿no hace dichosa
                        mi pasión? ¿Qué sentís de ello?
                        Parece que os he enojado.

Diana (Aparte.)   (Toda me ha cubierto un hielo.)

Carlos   ¿No respondéis?

Diana   Me ha dejado
                        suspensa el veros tan ciego,
                        porque yo en Cintia no he hallado
                        ninguno de esos extremos.
                        Ni es agradable, ni hermosa,
                        ni discreta, y ése es yerro
                        de la pasión.

Carlos   ¿Hay tal cosa?
                        Hasta ahí nos parecemos.

Diana   ¿Por qué?

Carlos   Porque a vos de Cintia
                   se os encubre el rostro bello,
                   y del de Bearne a mí
                   lo galán se me ha encubierto;
                   con que somos tan iguales,
                   que decimos mal a un tiempo,
                   yo, de lo que vos queréis,
                   y vos, de lo que yo quiero.

Diana   Pues si es gusto, cada uno
                   siga el suyo.

([Carlos] aparte a Polilla.)

Carlos   (Malo es esto.)

Polilla   (Encima vine la tuya;
                   no se te dé nada de eso.)

Carlos   Pues ya, con vuestra licencia,
                   iré, señor, siguiendo
                   aquel eco enamorado;
                   que el disfrazaros mi intento
                   fue temo, que ya he perdido,
                   sabiendo que mi deseo,
                   en la ocasión y el motivo,
                   es tan parecido al vuestro.

Diana   ¿Vais a verla?

Carlos   Sí, señora.

Diana (Aparte.)   (¡Sin mí estoy! ¿Qué es esto,

114

                         Cielos?)

([Polilla] aparte a Carlos.)

Polilla   (Para largo, que la pierde.)

Carlos   Adiós, señora.

Diana   ¡Teneos!
                         ¡Aguardad! ¿Por qué ha de ser
                         tan ciego un hombre discreto,
                         que ha de oponer un sentido
                         a todo un entendimiento?
                         ¿Qué tiene Cintia de hermosa?
                         ¿Qué discurso, qué conceptos
                         os la han fingido discreta?
                         ¿Qué garbo tiene? ¿Qué aseo?

([Polilla] aparte a Carlos.)

Polilla   (Cinco, seis y encaje, cuenta,
                         señor, que la va perdiendo
                         hasta el codo.)

Carlos   ¿Qué decís?

Diana   Que ha sido mal gusto el vuestro.

Carlos   ¿Malo, señora? Allí va
                         Cintia; miradla aun de lejos,
                         y veréis cuántas razones
                         da su hermosura a mi acierto.
                         Mirad en lazos prendido
                         aquel hermoso cabello,

y si es justo que en él sea
yo el rendido y él el preso.
Mirad en su frente hermosa
cómo junta el rostro bello,
bebiendo luz a sus ojos
Sol, Luna, estrellas y cielo.
Y en sus dos ojos mirad
si es digno y dichoso el yerro
que hace esclavos a los míos,
aunque ellos sean los negros.
Mirad el sangriento labio,
que fino coral vertiendo,
parece que se ah teñido
en la herida que me ha hecho.
Aquel cuello de cristal,
que por ser de garza el cuello,
al cielo de su hermosura
osa llegar con el vuelo;
aquel talle tan delgado
que yo pintarle no puedo,
porque es él más delicado
que todos mis pensamientos.
Yo he estado ciego, señora,
pues solo ahora lo veo,
y del pesar de mi engaño
me paso a loco de ciego,
pues no he reparado aquí
en tan grande desacierto
como alabar su hermosura
delante de vos; mas de esto
perdón os pido, y licencia
de ir a pedírsela luego
por esposa a vuestro padre,
ganando también a un tiempo

del príncipe de Bearne
las albricias de ser vuestro.

(Vase Carlos.)

Diana (Aparte.)   (¿Qué es esto, dureza mía?
Un volcán tengo en mi pecho.
¿Qué llama es ésta, que el alma
me abrasa? Yo estoy ardiendo.)

Polilla (Aparte.)   (Alto; ya cayó la breva,
y dio en la boca por yerro.)

Diana   ¿Caniquí?

Polilla   Señora mía,
¿hay tan grande atrevimiento?
¿Por qué con él no embestiste,
y le arrancaste a este necio
todas las barbas a araños?

Diana   Yo pierdo el entendimiento.

Polilla   Pues pierde también las uñas.

Diana   ¡Caniquí! Éste es un incendio.

Polilla   Eso no es sino bramante.

Diana   ¿Yo arrastrada de un soberbio?
¿Yo rendida de un desvío?
¿Yo sin mí?

Polilla   Señora, quedo,

que eso parece querer.

Diana   ¿Qué es querer?

Polilla   Serán torreznos.

Diana   ¿Qué dices?

Polilla   Digo de amor.

Diana   ¿Cómo amor?

Polilla   No, sino huevos.

Diana   ¡Yo amor!

Polilla   Pues, ¿qué siente tú?

Diana   Una rabia y un tormento.
         No sé qué mal es aqueste.

Polilla Venga el pulso y lo veremos.

Diana   Déjame, no me enfurezcas;
         que es tanto el furor que siento,
         que aun a mí no me perdono.

Polilla ¡Ay, señora! ¡Vive el cielo!
         Que se te ponen azules
         las venas, y es mal agüero.

Diana   Pues de aqueso, ¿qué se infiere?

Polilla Que es pujamiento de celos.

Diana

¿Qué decís, loco, villano,
atrevido, sin respeto?
¿Celos yo? ¿Qué es lo que dices?
Vete de aquí, vete luego.

Polilla

Señora...

Diana

¡Vete, atrevido,
o haré que te arrojen luego
de una ventana!

Polilla (Aparte.)

(¡Agua va!)
Me voy, señora, al momento,
que no soy para vaciado.

(Aparte.)

(¡Madre de Dios! ¡Cuál la dejo!
Me voy, que donde hay pañal
el Caniquí tiene riesgo.)

(Vase Polilla.)

Diana

¿Fuego en mi corazón? No, no lo creo;
siendo de mármol. ¿En mi pecho helado
pudo encenderse? No, miente el cuidado;
pero, ¿cómo lo dudo si lo veo?
    Yo deseé vencer, por mi trofeo,
un desdén; pues si es quien me ha abrasado
fuego de amor, ¿qué mucho que haya entrado
donde abrieron las puertas al deseo?
    De este peligro no advertí el indicio,
pues para echar el fuego en otra casa
yo le encendí, y en la mía hizo su oficio.
    No admire, pues, mi pecho lo que pasa;
que quien quiere encender un edificio

suele ser el primero que se abrasa.

(Sale el príncipe.)

Príncipe   Gran victoria he conseguido,
si mi dicha es cierta ya;
mas aquí Diana está.
A vuestras plantas rendido,
señora, perdón os pido
de venir tan arrojado
con la nueva que me han dado;
que yo pienso que aún es poco,
siendo vuestro, el venir loco
de un favor no imaginado.

Diana   No os entiendo, ¿habláis conmigo?
¿Qué favor decís?

Príncipe   Señora,
el de Urgel me ha dicho ahora
que de él ha sido testigo,
y que yo el laurel consigo
de ser vuestro.

Diana   Necio fue,
si os dijo lo que no sé,
y vos los habéis creído.

Príncipe   Ya lo dudó mi sentido,
mas quien lo creyó es mi fe.
Que como milagro fuera
de vos el tener piedad,
os negara el ser deidad,
si mi amor no lo creyera.

En el pecho que os venera,
haber más fees más trofeo;
y pues fe ha sido el deseo
de imaginaros deidad,
perdonad mi necedad
por la fe con que lo creo.

Diana

Pues, ¿no es más atrevimiento
creeros digno de mi amor?

Príncipe

No, que vos con el favor
podéis dar merecimiento;
y en esto mi pensamiento,
antes que en mí el merecer,
creyó de vos el poder.

Diana

¿Y él os ha dicho ese error?

Príncipe

Sí, señora.

Diana (Aparte.)

               (Esto es peor
que lo que acaba de hacer;
   porque supone estar yo
despreciada, y él amante,
pues al príncipe al instante
el aviso le llevó;
que él nunca lo hiciera, no,
si a mí me quisiera bien.
Amor, la furia detén,
pues ya mi pecho has postrado;
que en él este hombre ha labrado
el desdén con el desdén.)

Príncipe

Señora, yo el modo erré

de aceptar vuestro favor,
y lo que fuera mejor,
enmendando el yerro, iré
a vuestro padre, y diré
la gracia que os he debido,
y rogaré agradecido
que interceda en mi pasión
por mi dicha, y el perdón
de haber andado atrevido.

(Vase el príncipe.)

Diana   ¿Qué es esto que me sucede?
Yo me quemo, yo me abraso;
mas si es venganza de Amor,
¿por qué su rigor extraño?
Esto es amor, porque el alma
me lleva el desdén de Carlos.
Aquel hielo me ha encendido,
que Amor su deidad mostrando,
por castigar mi dureza
ha vuelto la nieve en rayos.
Pues, ¿qué he de hacer—iay de mí!—
para enmendar este daño,
que en vano el pecho resiste?
El remedio es confesarlo.
¿Qué digo? ¿Yo publicar
mi delito con el labio?
¿Yo decir que quiero bien?
Mas Cintia viene; el recato
de mi decoro me valga;
que tanto tormento paso
en el ardor que padezco
como en haber de callarlo.

(Salen Cintia y Laura.)

Cintia   Laura, no creo mi dicha.

Laura   Pues la tienes en la mano,
                  lógrala, aunque no la creas.

Cintia   Diana, el justo agasajo
                  que, por si tu sangre yo,
                  te he debido, ahora aguardo
                  que sea con tu favor
                  el que requiere mi estado.
                  Carlos, señora, me pide
                  por esposa, y en él gano
                  un logro para el deseo,
                  para mi nobleza un lauro.
                  Enamorado de mí,
                  pide, señora, mi mano;
                  solo tu favor me falta
                  para la dicha que aguardo.

Diana (Aparte.)   (Esto es justicia de Amor.
                  ¡Uno tras otro el agravio!
                  ¿Ya no me doy por vencida?
                  ¿Qué más quieres, dios tirano?)

Cintia   ¿No me respondes, señora?

Diana   Estaba, Cintia, mirando
                  de qué modo es la fortuna
                  en sus inciertos acasos.
                  Anhela un pecho infeliz
                  con dudas y sobresaltos,

diligencias y deseos,
por un bien imaginado;
solo porque le desea
huye de él, y es tan ingrato
que de otro que no le busca
se va a poner en la mano.
Yo, de su desdén herida,
procuré rendir a Carlos,
obliguéle con favores,
hice finezas en vano;
siempre en él hallé un desvío;
y sin buscarle tu halago,
lo que huyó de mi deseo
se va a rendir a tus brazos.
Yo estoy ciega de ofendida,
y el favor que me has rogado
que te dé, te pido yo
para vengar este agravio.
Llore Carlos tu desprecio,
sienta su pecho tirano
la llama de tu desvío,
pues yo en la suya me abraso.
Véngame de su soberbia,
hállete su amor de mármol;
pene, suspire y padezca
en tu desdén, y llorando
sufra...

Cintia   Señora, ¿qué dices?
Si él conmigo no es ingrato,
¿por qué he de dar yo castigo
a quien me hace un agasajo?
¿Por qué me has de persuadir
lo que tú estás condenando?

Si en él su desdén no es bueno,
también en mí será malo.
Yo le quiero si él me quiere.

Diana   ¿Qué es quererle? ¿Tú de Carlos
amada, yo despreciada?
Tú con él casarte, cuando
del pecho se está saliendo
el corazón a pedazos?
¿Tú logrando sus cariños,
cuando su desdén helado,
trocados efecto y causa,
abrasa mi pecho a rayos?
Primero, ¡viven los cielos!,
fueran las vidas de entrambos
asunto de mi venganza,
aunque con mis propias manos
sacara a Carlos del pecho
donde, a mi pesar, ha entrado,
y para morir con él
matara en mí su retrato.
¿Carlos casarse contigo,
cuando yo por él me abraso,
cuando adoro su desvío
y su desdén idolatro?

(Aparte.)   (Pero, ¿qué digo? ¡Ay de mí!
¿Yo así mi decoro ultrajo?)
Miente mi labio atrevido,
miento; mas él no es culpado;
que si está loco mi pecho,
¿cómo ha de estar cuerdo el labio?
Mas yo me rindo al dolor,
para hacer de uno dos daños.
Muera el corazón y el pecho,

y viva de mi recato
la entereza, Cintia amiga;
si a ti te pretende Carlos,
si da Amor a tu descuido
lo que niega a mi cuidado,
cásate con él, y logra
casto amor en dulces lazos.
Yo solo quise vencerle,
y éste fue un empeño vano
de mi altivez, que ya veo
que fue locura intentarlo,
siendo acción de la Fortuna;
pues, como se ve en sus casos,
siempre consigue el dichoso
lo que intenta el desdichado.
El ser querida una dama
de quien desea, no es lauro,
sino dicha de su estrella;
y cuando yo no la alcanzo,
no se infiere que no tengo
en mi hermosura y mi aplauso
partes para merecerlo,
sino suerte para hallarlo.
Y pues yo no la he tenido,
para lo que he deseado,
lógrala tú, que la tienes;
dale de esposa la mano,
y triunfe mi corazón
de sus rendidos halagos.
Enlace... Pero, ¿qué digo?
Que me estoy atravesando
el corazón; no es posible
resistir a lo que paso;
toda el alma se me abrasa.

¿Para qué, cielos, lo callo,
si por los ojos se asoma
el incendio que disfrazo?
Yo no puedo resistirlo;
pues, cuando lo mienta el labio,
¿cómo ha de encubrir el fuego
que el humo está publicando?
Cintia, yo muero; el delirio
de mi desdén me ha llevado
a este mortal precipicio
por la senda de mi engaño.
El Amor, como deidad,
mi altivez ha castigado;
que es niño para la burlas
y dios para los agravios.
Yo quiero, en fin, ya lo dije
y a ti te lo he confesado,
a pesar de mi decoro,
porque tienes en tu mano
el triunfo que yo deseo.
Mira si, habiendo pasado
por la afrenta del decirlo,
te estará bien el dejarlo.

(Vase.)

Laura   ¡Jesús! ¡El cuento del loco!
                Él por él está pasando.

Cintia   ¿Qué dices, Laura, qué dices?

Laura   Viendo prohibido el plato,
                Diana se ahitó de amor
                y del desdén ha sanado.

Cintia	¡Ay, Laura! ¿pues, ¿qué he de hacer?

| Laura | ¿Qué, señora? Asegurarlo,
y al de Bearne, que es fijo
no soltarle de la mano
hasta ver en lo que para. |

| Cintia | Calla; que aquí viene Carlos. |

(Salen Carlos y Polilla.)

| Polilla | Las unciones del desprecio,
señor, la vida la han dado.
¡Gran cura hemos hecho en ella! |

| Carlos | Si es cierto, gran triunfo alcanzo. |

| Polilla | Haz cuenta que ya está sana,
porque queda babeando. |

| Carlos | ¿Y has conocido que quiere? |

| Polilla | ¿Cómo querer? ¡Por San Pablo,
que me vine huyendo de ella,
porque la vi querer tanto
que temí que echase el resto
y me destruyese! |

| Cintia | ¿Carlos? |

| Carlos | ¿Cintia hermosa? |

| Cintia | Vuestra dicha |

logra ya triunfo más alto
que el que en mi mano pretende.
Vuestro descuido ha triunfado
del desdén que no ha vencido
en Diana el agasajo
de los príncipes amantes.
Ella os quiere; yo me aparto
de mi esperanza por ella,
y por vos, sí es vuestro el lauro.

Carlos   ¿Qué es lo que dices, señora?

Cintia   Que ella me lo ha confesado.

Polilla   Toma si purga, señora;
no hay en la botica emplasto
para las mujeres locas
como un parche de mal trato.
Mas aquí se padre viene
y los príncipes. Al caso,
señor, y aunque esté rendida,
declárate con resguardo.

(Salen el conde de Barcelona, el príncipe, y don Gastón, luego Diana, oculta.)

Conde   Príncipe, vos me dais tan buena nueva
que es justo que os la acepte, y aunque os deba
lo que a vuestra persona
pago en daros mi hija y mi corona.

Gastón   Pues aunque yo, señor, no haya tenido
la dicha que Bearne ha conseguido,
siempre estaré contento
de que él haya logrado el vencimiento

que tanto he deseado,
por la parte que debe a mi cuidado,
y el parabién le doy de este trofeo.

Carlos

Y también le admitid de mi deseo.

Príncipe

Carlos, yo le recibo,
y el mío os apercibo,
pues en Cintia lográis tan digo dueño
que envidiara el empeño,
a no lograr el mío.

(Diana, al paño.)

Diana (Aparte.)

(¿Dónde me lleva el loco desvarío
de mi pasión? Yo estoy muriendo, cielos,
de envidias y de celos;
mas los príncipes todos se han juntado,
y mi padre con ellos;
sin alma llego a vellos,
pues si su fin se alcanza,
yo tengo de morir con mi esperanza.)

Conde

Carlos, pues vos pedís a mi sobrina,
yo, pagando el deseo que os inclina,
os ofrezco su mano;
y pues tanto sosiego en esto gano,
háganse juntas todas,
las bodas de Diana y vuestras bodas.

Diana (Aparte.)

(¡Cielos, yo estoy mi muerte imaginando!)

([Polilla] aparte a Carlos.)

Polilla (Aparte.)   (Señor, Diana allí te está escuchando,
                       y has menester un modo muy discreto
                       de declararte, porque tenga efeto,
                       que va con condiciones el partido;
                       y si yerras el cabe, vas perdido.)

Carlos   Yo, señor, a Barcelona
                       vine, más que a pretender,
                       a festejar de Diana
                       la hermosura y el desdén;
                       y aunque es verdad que de Cintia
                       el hermoso rosicler
                       amaneció en mi deseo
                       a la luz del querer bien,
                       la entereza de Diana,
                       que tan de mi genio fue,
                       ha ganado en mi albedrío
                       tanto imperio, que no haré
                       cosa que no sea su gusto;
                       porque la hermosa altivez
                       de su desdén me ha obligado
                       a que yo viva con él;
                       y puesto que haya pedido
                       mi amor a Cintia, ha de ser
                       siendo así su voluntad,
                       pues la mía suya es.

Conde   Pues, ¿quién duda que Diana
                       de eso muy contenta esté?

Polilla   Eso lo dirá su alteza
                       por hacerme a mí merced.

(Sale Diana.)

Diana

Sí, diré; pero, señor,
¿vos contento no estaréis,
si yo me caso, que sea
con cualquiera de los tres?

Conde

Sí, que todos son iguales.

Diana

Y vosotros, ¿quedaréis
de mi elección ofendidos?

Príncipe

Tu gusto, señora, es ley.

Gastón

Y todos la obedecemos.

Diana

Pues el príncipe ha de ser
quien dé a mi prima la mano,
y quien a mí me la dé
el que vencer ha sabido
el desdén con el desdén.

Carlos

¿Y quién es ése?

Diana

Tú solo.

Carlos

Dame ya los brazos, pues.

Polilla

Y mi bendición os caiga
por siempre jamás, amén.

Príncipe

Pues ésta, Cintia, es mi mano.

Cintia

Contenta quedo también.

Laura   Pues tú, Caniquí, eres mío.

Polilla   Sacúdanse todos bien,
             que no soy sino Polilla;
             mamóla, vuesa merced.
             Y con esto, y con un vítor,
             que pide, humilde y cortés,
             el ingenio, aquí se acaba,
             el desdén con el desdén.

             Fin

Libros a la carta

A la carta es un servicio especializado para
empresas,
librerías,
bibliotecas,
editoriales
y centros de enseñanza;
y permite confeccionar libros que, por su formato y concepción, sirven a los propósitos más específicos de estas instituciones.
Las empresas nos encargan ediciones personalizadas para marketing editorial o para regalos institucionales. Y los interesados solicitan, a título personal, ediciones antiguas, o no disponibles en el mercado; y las acompañan con notas y comentarios críticos.
Las ediciones tienen como apoyo un libro de estilo con todo tipo de referencias sobre los criterios de tratamiento tipográfico aplicados a nuestros libros que puede ser consultado en Linkgua-ediciones.com.
Linkgua edita por encargo diferentes versiones de una misma obra con distintos tratamientos ortotipográficos (actualizaciones de carácter divulgativo de un clásico, o versiones estrictamente fieles a la edición original de referencia).
Este servicio de ediciones a la carta le permitirá, si usted se dedica a la enseñanza, tener una forma de hacer pública su interpretación de un texto y, sobre una versión digitalizada «base», usted podrá introducir interpretaciones del texto fuente. Es un tópico que los profesores denuncien en clase los desmanes de una edición, o vayan comentando errores de interpretación de un texto y esta es una solución útil a esa necesidad del mundo académico.
Asimismo publicamos de manera sistemática, en un mismo catálogo, tesis doctorales y actas de congresos académicos, que son distribuidas a través de nuestra Web.
El servicio de «libros a la carta» funciona de dos formas.
1. Tenemos un fondo de libros digitalizados que usted puede personalizar en tiradas de al menos cinco ejemplares. Estas personalizaciones pueden ser de todo tipo: añadir notas de clase para uso de un grupo de estudiantes, introducir logos corporativos para uso con fines de marketing empresarial, etc. etc.

2. Buscamos libros descatalogados de otras editoriales y los reeditamos en tiradas cortas a petición de un cliente.

www.ingramcontent.com/pod-product-compliance
Lightning Source LLC
LaVergne TN
LVHW050919170726
843513LV00004B/30